KB176691

경성대학교
한국한자연구소 한자학 교양총서 07

동양철학의 이해

이 저서는 2018년 대한민국 교육부와 한국연구재단의 지원을 받아 수행된 연구임
(NRF-2018S1A6A3A02043693)

경성대학교 한국한자연구소 한자학 교양총서 07

동양철학의 이해

윤지원 기유미

역락

발간사

    경성대학교 한국한자연구소는 2018년 한국연구재단 인문한국 플러스(HK+) 지원사업(과제명: 한자와 동아시아 문명 연구-한자로드의 소통, 동인, 도항)에 선정된 이래, 한자문화권 한자어의 미묘한 차이와 그 복잡성을 고려한 국가 간 비교 연구를 수행해 왔습니다. 이 총서는 그간의 연구 성과를 대중에게 전하고 널리 보급하는 목적으로 기획되었습니다.

    우리 연구소의 총서는 크게 연구총서와 교양총서로 나뉘어져 있습니다. 연구총서가 본 연구 아젠다 성과물을 집적한 학술 저술이라면, 교양총서는 연구 성과의 대중적 확산을 위해 기획된 시리즈물입니다. 그중에서도 이번에 발간하는 〈한자학 교양총서〉는 한자학 전공 이야기를 비전공자들도 흥미롭게 접근할 수 있도록 기획된 제1기 시민인문강좌(2022년 7월~8월, 5개 과정, 각 10강), 제2기 시민인문강좌(2022년 12월~2023년 1월, 5개 과정, 각 10강)의 내용을 기반으로 합니다. 당시 수강생들의 강의에 대한 높은 만족도와 함께 볼 만한 교재 제작에 대한 요청이 있었습니다. 실제로 한자학하면 대학 전공자들이 전공 서적을 통해 접하는 것이 대부분이며, 대중이 쉽게 접할 수 있는 입문서는 그다지 많지 않습니다. 〈한자학 교양총서〉는 기본적으로 강의 스크립트 형식을 최대한 활용하여 전공 이야기를 쉬운 말로 풀어쓰는 데에 중점을 두었습니다. 흡사 강의를 듣는 듯 한자학에 대한 기본적인 지식을 배울 수 있는 입문서를 표방하는 이 책은, 한자학에 흥미를 가진 사람들이 한자학을 접할 수 있는 마중물과 같은 역할을 할 수 있을 것으로 기대합니다.

이번에 발간되는 시리즈는 전체 10개 과정 중 2기 강좌분에 해당하는 '중국목록과 목록학'(김호, 조성덕), '동양철학의 이해'(윤지원, 기유미), '일본의 문자 세계'(홍성준, 최승은), '디지털 동양고전학의 기초'(허철, 기유미), '한자로 읽는 동양고전-推己及人'(허철, 이선희) 5권입니다. 지난 1기 5권의 책을 통하여 한자학의 기원과 구성 원리, 음운 체계, 변천사 등 한자학 전반에 대한 이해를 높일 수 있었다면, 이번에 발간되는 5권의 시리즈는 동아시아의 언어, 문화, 사상, 그리고 연구 방법론까지 포괄합니다. 각 권은 한자를 둘러싼 다양한 학문에 대한 이해를 독자에게 제공할 수 있을 것입니다.

앞으로도 우리 연구소는 연구 과제를 수행하면서 축적된 연구 성과를 학계뿐만 아니라 대중의 지적 호기심을 충족시킬 수 있는 방법을 다각적으로 모색해 나아갈 것입니다. 본 사업단 인문강좌에 강의자로 참여해주시고, 오랜 퇴고 기간을 거쳐 본 〈한자학 교양총서〉에 기꺼이 원고를 제공해 주신 여러 교수님들께 감사드리고, 이 책이 발간되기까지 조언을 아끼지 않으신 사업단 교수님들, 그리고 역락 박태훈 이사님께도 감사의 말씀을 드립니다.

2024년 4월

경성대학교 한국한자연구소

소장 하영삼

머리말

중국 철학은 중국의 역사적, 문화적 맥락에서 발전한 다양한 철학적 사상과 이론들을 포괄합니다. 이는 고대부터 현대에 이르기까지 중국의 사상가들이 인간, 자연, 우주의 본질과 인간 사회의 이상적인 조직 방식에 대해 탐구한 내용을 포함합니다. 중국 철학은 유가, 도가, 불가, 법가, 묵가 등 다양한 학파로 구분되며, 각 학파는 서로 다른 원칙과 가치를 제시합니다.

중국철학을 공부하는 것은 중국 사상의 깊이 있는 이해를 위한 노력입니다. 이를 위해 다음과 같은 노력이 필요합니다. 먼저 역사적인 이해입니다. 중국철학은 중국 역사와 긴밀하게 연결되어 있습니다. 중국 역사를 이해하고 중요한 사건, 인물, 시대적 맥락을 파악하는 것은 중국철학을 이해하는 데 매우 중요합니다. 두 번째는 주요 철학자 및 학파의 이해입니다. 중국철학에서 주요한 철학자들과 학파들의 사상과 이론을 학습하는 것이 필수적입니다. 유교의 공자와 맹자, 도가의 노자와 장자, 불교의 유식과 중관사상, 송명리학의 주자와 양명 등이 주요한 인물과 학파입니다. 마지막으로 원전공부입니다. 중국철학의 원전을 직접 읽어보는 것이 중요합니다. 번역된 텍스트는 종종 문화적이고 역사적인 의미를 잃어버릴 수 있습니다. 따라서 가능하면 한자를 공부하여 원전을 읽는 것이 가장 이상적입니다. 그렇지 않다면 최대한 원전에 가까운 번역을 찾아서 공부해야 합니다. 또한 중국철학에 대한 연구와 참고 자료를 활용하여 깊이 있는 이해를 도모해야 합니다. 학술 논문, 전문가의 서적, 온라인 자료 등을 활용하여 자신의 이해를 확장하고 깊이 있는 토의를 할 수 있습니다.

중국철학은 매우 복잡하고 다양한 시각을 제공합니다. 이를 비판적으로 이해하고 다른 관점을 고려하는 것이 중요합니다. 단순히 외우는 것이 아니라 철학적 논리와 사고 방식을 분석하고 이해해야 합니다. 본 강좌는 동양철학을 이해하는 것을 목적으로 기획되었습니다. 그리고 이를 위해 자아와 인간, 세계와 가치라는 큰 주제를 바탕으로 인간과 공부, 욕망과 이성, 삶과 실존, 사회와 정치, 옳음과 좋음과 같은 개념과 그 현대적 의의를 탐구합니다. 중국철학은 그 복잡성과 다양성으로 인해 폭넓은 공부와 연구가 필요합니다. 이 강좌를 통해 중국 사상의 다양한 측면을 이해하고, 그 철학적인 가치를 현대 생활에 적용할 수 있는 능력을 배양하기를 바랍니다.

단국대학교 일본연구소

HK교수 윤지원

차례

philosophy와
중국철학

본 저서는 동양철학의 기본적인 내용과 그 사상을 이해하는 것을 목적으로 합니다. '자아와 인간', '세계와 가치'라는 큰 주제를 바탕으로 인간의 마음과 욕망, 사회와 정치 그리고 옳고 그름 등 구체적인 내용과 가치에 관한 현대적 의의를 탐구하고자 합니다.

공자나 맹자에 대해서 모두 들어 보셨으리라 생각합니다. 하지만 그들의 사상에 어떠한 것이 있으며, 공자와 맹자의 사상이 춘추전국 시대와 현대를 살아가는 우리에게 어떤 의미가 있는지 깊이 생각할 기회는 없었을 겁니다. 또한 2,000여 년 전 사람들의 생각을 우리가 지금 공부한다는 것이 어떤 의미가 있는지 의문을 가지는 분들도 있을 것입니다.

그에 대해 답한다면 이것은 마치 우리가 고전을 읽는 것과 같습니다. 예를 들어 공자의 논어(論語)나, 노자의 도덕경(道德經) 그리고 부처님의 말씀을 담은 아함경(阿含經) 등을 읽는 것은 그 안에 어떠한 진리가 담겨 있고, 그 진리가 현시대에도 통용되기 때문입니다. 만약 고금을 관통하는 지혜를 그 속에서 얻을 수 없다면 고전을 읽지 않을 것입니다.

본 저서를 통해 동양철학을 이해하고, 철학자들의 철학적 사유를 기반으로 우리 스스로가 얻을 수 있는 것이 무엇인가를 생각해 보는 시간이 되기를 바라며, 우리가 함께 도달하고자 하는 목표는 다음과 같습니다.

첫째, 유가와 도가 그리고 불교에 대한 이해를 바탕으로 자신의 관심 영역을 찾아 더 깊게 공부하는 계기를 마련하는 것입니다.

둘째, 동양철학의 보편적 의미를 체득하는 것입니다.

일반적으로 동양철학이라고 말하면 유가, 불가, 도가를 지칭합니다. 물론 제자백가는 훨씬 다양하지만, 가장 핵심적인 부분은 유가와 불가 그리고 도가입니다. 유가, 불가, 도가는 각기 다른 세계관을 가지고 있으며, 인간에 대해 저마다 이해하는 방식이 다릅니다. 세계관과 인간관은 가치의 통합이며, 가치는 이 세상에 존재하는 유·무형적 사물의 위계를 이야기합니다. 사물이 가지는 가치의 위계가 모여 하나의 세계관을 이루게 됩니다. 따라서 우리가 동양철학에서 이야기하는 세계관의 가치들을 공부한다면 그 보편적인 의미와 내용을 이해할 수 있습니다.

일반적으로 동양철학은 중국철학을 이야기합니다. 중국철학은 선진시기와 한대, 위진 남북조, 수당, 송명 그리고 청나라에 이르기까지 하나의 큰 흐름으로 존재합니다. 이 가운데 본 편에서 집중적으로 살펴볼 부분은 선진의 유가(儒家)와 도가(道家), 수·당 시기의 불교(佛敎), 또 동양철학에서 핵심적으로 꼭 다뤄야 하는 송명리학(宋明理學)입니다.

이 가운데 송명리학(宋明理學)은 유학의 한 분파로 중국철학의 가장 완성된 형태라고 이야기하기도 합니다. 송명리학은 조선에 전래된 후 조선 500년 사회를 지탱했던 지시 권력이었으며, 우리가 송명리학을 이해할 수 있다면 현대사회의 가치관 또는 사회의 의식 흐름에 대해서 이해할 수 있는 시야의 폭을 넓힐 수 있을 것입니다. 송명리학에서 주요하게 살펴볼 인물은 성리학의 주자(朱子)와 양명학의 왕양명(王陽明)입니다.

동양철학을 이야기하기에 앞서 '철학'에 대해 먼저 살펴보겠습니다. 우리는 보통 유럽의 철학을 '철학'이라고 일반화시켜 부르는 경향이 있습니다. 이것은 '철학'에서의 헤게모니를 유럽이 가지고 있다는 것입니다. 중국철학은 무엇인지에 관해 묻는다면 일반적인 정의와 조금 다르게 접근할 수밖에 없을 것입니다.

우선 철학의 어원적 정의에 관해 이야기하고, 그다음에 중국 근대 시기와 국학, 국학의 분류 그리고 중국적 철학의 정의와 그 내용을 순서대로 살펴보겠습니다.

'철학'을 뜻하는 'philosophy'는 'philosophia'에서 나온 말입니다. 'philosophia'는 'philo'와 'sophy'가 결합한 단어로 'philo'는 영어의 'love'에 해당하고, 'sophy'는 'wisdom'에 해당하기 때문에 이를 풀이하면 '현지(賢智)한 것을 사랑하고 희구한다, 바란다', 즉 '지혜에 대한 사랑'이라는 의미가 됩니다.

그렇다면 'philosophy'라는 말은 어떻게 철학이라고 불리게 되었을까요?

일본 학자인 니시 아마네(西周, にし あまね, 1829~1897)는 1862년 한 강의에서 'philosophy'라는 말은 그리스의 철학자 피타고라스가 처음 쓴 말로 "현(賢)을 좋아한다"는 뜻이라 풀이하고, 이 뜻에 따라 '희철학(希哲學)'(철인을 희구하는 학)이라 의역한다고 설명합니다.

그 후 그는 1870년 창설된 육영사(育英社)에서 '백학연환(百學連環)'이라고 명명한 강의에서 다시 이 가운데 '희(希)'를 생략하고 '철학'이라고 쓰면서, 'philosophy'의 원어는 그리스어의 'philosophia'로서 'philo'는 영어의 'love'에, 'sophy'는 'wisdom'에 해당하므로 그 뜻은 "현지(賢智)한 것을 사랑하고 희구한다"는 뜻이라고 설명합니다. 따라서 우리가 지금 쓰고 있는 '철학'이라는 단어는 일본 사람이 번역한 말입니다.

철학이 무엇이냐고 묻는다면 진리를 탐색하고 본질적인 것 혹은 근원에 대해 질문을 던지는 학문이라고 말할 수 있습니다. 그러면 이 철학이라는 말은 어디에서 나왔는가 하는 것이 중요합니다. 앞서 일반적으로 철학은 유럽의 철학을 말한다고 이야기했습니다. 유럽의 철학 안에는 플라톤으로부터 시작해 근대로 이어지

동양철학의 이해

는 기본적인 철학의 분류가 있는데, 형이상학, 인식론, 윤리학과 같은 범주로 철학을 분류하고 있습니다.

먼저 형이상학에서 '형이상(形而上)'은 보이지 않는 것, 즉 사물이 형체를 갖기 전의 근원적인 본모습을 말하고, '형이하(形而下)'는 보이는 것, 즉 형상을 가진 물질이나 속성 자체를 이야기합니다. 앞서 철학은 근본적인 어떤 존재에 대한 물음이라 말했습니다. 내가 왜 태어났는지 또는 내가 어떠한 존재인지, 무엇이 나를 나답게 하는지 등의 질문을 말합니다.

우리는 모두 이름을 가지고 있습니다. 그리고 그 이름으로 불릴 때 '나'라는 것을 자각하게 됩니다. 즉 나의 이름에는 아주 많은 함축적 속성이 내포되어 있고 각자가 살아온 인생을 포함, 인생을 통해서 드러나는 모습들이 그 이름을 통해 지칭됩니다. '나'라는 것이 그렇게 다양한 의미를 갖는다면 그 속에서 '진짜 나를 나라고 인식하게 해주는 것은 무엇일까?'라는 질문을 던질 수밖에 없습니다. 그게 바로 나의 본질에 관한 질문이 됩니다. 이러한 것을 철학에서는 존재론적인 질문이라고 이야기합니다.

형이상학에서 제시하는 질문은 크게 두 가지입니다. 하나는 존재론적인 질문 그리고 다른 하나는 우주론적인 질문입니다. 그런데 사실상 우주론적인 질문은 잘 하지 않습니다. 왜냐하면, 사람들은 우주가 어떻게 생겼는지는 그렇게 궁금해하지 않기 때문입니다. 그런데도 우주에 대한 질문도 빼놓을 수 없는 이유는 참 나를 발견하기에 앞서서 내가 어디에서 왔는가에 대한 답이 거기에 있기 때문입니다. 우주가 어떻게 생겨났고, 우주 안에 있는 나는 어디서 왔는지를 먼저 정의해야만 그로부터 나의 본질에 접근할 수 있습니다.

종교에서는 이 같은 문제를 간단하게 해결합니다. 우주의 생성 그리고 인간의 탄생에 관해 이야기하는 순간 창세기를 제시하고, '나'라는 존재는 신에 의해 창조된 것이라 말합니다. 그리고 이성을 바탕으로 논리적 추론이 아닌 믿음으로 존재의 탄생을 설명합니다. 왜냐하면, 종교가 존재할 수 있는 가장 근본적인 바탕은 신이 존재한다는 믿음이기 때문입니다.

그러나 철학은 매우 다른 성격을 가지고 있습니다. 철학은 하나의 학문분과로써, 철학의 바탕이 되는 것은 종교에서와 같은 믿음이 아닌 이성입니다. 우리는 연역 또는 귀납을 통해 논리성을 토대로 이성적 믿음을 가지게 되며 이는 맹목적인 믿음과 다릅니다.

철학의 분류 가운데 인식론이란 앎에 대한 물음입니다.

우리는 매우 다양한 지식을 추구합니다. 그리고 우리가 살아가는 사회는 지식의 홍수 상태입니다. 인터넷만 들어가면 내가 얻고자 하는 지식을 얼마든지 얻을 수 있습니다. 하지만 본질적 지식에 접근하는 것은 굉장히 제한적입니다. 현재 우리는 다양한 지식이 존재하며 그 지식이 끊임없이 팽창하는 세상을 살아가고 있습니다. 지금 우리에게 중요한 것은 지식의 본질에 대한 물음과, 그러한 지식의 본질을 과연 내가 알 수 있는가에 대한 물음입니다. 이것은 인식론에서 가장 비중 있는 질문입니다.

"지식이란 무엇인가?"

"내가 그것을 알 수 있는가?"

지식이 생성된다는 것은 앎의 대상이 생긴다는 것입니다. 그리고 그 대상에 대한 앎의 주체는 '나'입니다. 우리가 무엇을 안다고 이야기할 때 우리는 먼저 감각 기관으로 그것을 받아들입니다. 눈으로 보고, 만져보고, 냄새를 맡으며 정보를 취합하여 그 대상을 머릿속에 떠올리게 됩니다. 이것은 표상이라 부릅니다. 이러한 인식론적 사유는 서양의 이론입니다.

그런데 의문이 생기게 됩니다. 우리 눈앞에 컵이 하나 놓여있다고 가정해 봅시다. 그리고 우리는 컵을 만지고, 또 그것을 '컵'이라고 부릅니다. 그러면 우리의 머릿속에는 이 컵의 표상이 떠오릅니다. 그런데 우리의 머릿속에 있던 컵과 내 눈앞에 있는 컵 그리고 우리가 평소에 막연하게 컵이라고 생각하는 컵, 이 세 개의 컵이 같을까요? 이러한 것이 바로 앎에 대한 문제입니다. 만약에 그러한 대상들의 동일성을 담보할 수 있다면 우리는 그 대상을 진정으로 안다고 말할 수 있을 것입니다.

우리는 지식의 종류를 이야기할 때 보통 두 가지로 나눠서 이야기합니다.

첫째는 경험 지식이며 두 번째는 선험적 지식 또는 즉각적 지식입니다. 선험적 지식은 가르쳐주지 않아도 태어나면서부터 알고 있는 지식입니다. 칸트가 이야기한 선의지(善意志), 맹자가 이야기하는 양지(良知)와 같은 것이 선험적 지식의 내용입니다. 그와 상반되는 것은 경험적 지식입니다.

우리는 현시대를 과학의 시대라 이야기하며, 과학적 지식을 맹신하며 살아가고 있습니다. 왜냐하면, 과학적 지식은 우리에게 상상할 수 없는 편의를 제공하기 때문입니다. 물론 그러한 편의가 우리에게 도리어 해가 되기도 하지만 말입니다. 이러한 과학적 지식은 어떻게 탄생하게 될까요? 실험실에서 과학자들이 가설을 세웁니다. 그다음에는 수없이 많은 실험을 진행하고, 실험의 결과를 데이터로 뽑아서 제시합니다. 그리고 이렇게 결론을 내립니다. 9999번의 실험을 진행해 보니 이러한 결과가 나왔고, 따라서 이 결과는 유의미하다, 앞으로도 9999번의 실험을 진행한다면 이와

동양철학의 이해

같은 결과가 나올 것이라고 말입니다. 이처럼 확신하는 순간 논문을 내고, 권위를 인정받아서 하나의 지식이 되게 됩니다. 그런데 문제는 정말 앞으로도 9999번의 실험을 진행하면 똑같은 결과가 나올까요? 아마 어느 누구도 확신할 수 없을 것입니다.

경험 지식은 인간의 경험을 바탕으로 합니다. 우리가 밝혀낸 우주의 신비는 무엇이 있을까요? 과학자들이 밝혀낸 우주의 신비 가운데 우리가 옛날에 알았던 것은 빅뱅이었습니다. 그들은 최초 폭발이 있었고 이를 통해 우주가 생겨났다고 말합니다. 그리고 과학자들은 고민합니다. 폭발이 있었다……우주가 생겨났다……그러면 도대체 그 폭발은 어디서부터 왔을까? 그 폭발 에너지의 근원은 무엇일까? 그리고 과학자들은 또 다른 실험을 진행하고 다시 어떤 결론을 내고, 이러한 과정을 무한 반복하게 될 겁니다.

또 다른 예시를 들면 예전에 학교에서 '우리나라의 풍기 인삼이 유명하다.' 등 각 지방의 특산물을 배우고 기억했습니다. 그런데 현재도 그때 배운 내용이 맞을까요? 지금도 그 특산물이 그 지역에서만 나고, 그 지역에서 가장 유명할까요? 또한 세계 무역 10대국과 같은 순위도 매번 바뀝니다. 이처럼 우리가 배우고 기억하는 내용, 즉 사회적인 것들은 매 순간 바뀌고 있습니다. 그리고 앞서 이야기했던 과학이라는 것도 결국 가설이 깨지게 되면 폐기 처

분됩니다. 그래서 옛날 그리스의 학자 중에 회의론자들은 우리가 알 수 있는 것은 아무것도 없다, 설령 안다고 하더라도 그것을 말로 모두 전달할 수 없다고 말합니다. 경험 지식을 통해 우리가 알 수 있는 것은 무엇일까요?

또한, 앎이라는 것은 언어와 연결되어 있습니다. 우리는 언어를 통해서 한 대상에 대해 무엇을 얼마나 전달할 수 있을까요? 또 내 감정을 얼마나 전달할 수 있을까요? 내가 눈앞에 지금 보고 있는 컵에 대해서 얼마나 정확하게 설명할 수 있을까요? 직접 컵을 보여주지 않고, 그저 "제 앞에 투명한 컵이 하나 있습니다. 높이는 15cm이고, 폭은 약 10cm 정도 됩니다."라고 말한다면 이와 똑같은 컵의 그림을 머릿속에서 형성해 낼 수 있을까요? 아마 불가능할 것입니다. 이것이 바로 언어의 한계입니다.

마지막으로 철학의 분류 가운데 가장 실천적인 부분을 이야기하는 것은 윤리학입니다.

우리가 하는 행동이 올바른지 그렇지 않은지를 어떻게 판단할 수 있을까요? 만약 판단할 수 있다면 그 판단의 기준은 무엇일까요? 윤리학에서 다루는 것이 바로 이런 기준에 대한 문제입니다.

주머니에 쓰레기가 있어서 불편한데, 지금 길에는 아무도 보는 사람이 없어서 그냥 버립니다. 그렇다면 이러한 행동은 올바르

동양철학의 이해

지 않고 선하지 못한 행동일까요? 만약 올바르지 않다면 왜 올바르지 않은 행동일까요? 사실 이것에 대한 답은 모두가 이미 다 알고 있습니다. 어렸을 때부터 학교나 가정에서 행해진 학습에 의해 우리는 행동의 기준을 습득합니다. 엄마, 아빠가 "약속은 꼭 지켜야 한다."라고 자주 이야기합니다. 그러면 무의식중에 엄마, 아빠가 주입한 것이 잠재되어 있다가 약속을 어기려고 한다면 그것이 자기방어 기제로서 표면에 드러나게 됩니다. 보통 우리는 그것을 윤리 의식이라고 이야기합니다. 그렇다면 이러한 윤리 의식을 형성하게 한 것은 부모인데, 부모는 무엇을 근거로 아이에게 그러한 윤리 의식을 심어주는 것일까요?

약속을 지키는 것이 옳다, 생명을 죽이면 안 된다, 약한 사람을 도와줘야 한다 등 이런 것들은 무조건 적으로 행해야 하는 것입니다. 칸트는 이것을 의무주의라고 말했고, 우리가 보통 옳다고 생각하는 것의 첫 번째 윤리적 판단 기준이 됩니다.

두 번째 판단 기준은 공리입니다. 사회에서 법안을 만들 때 그 기준은 최대 다수의 행복을 위한 방향으로 설정합니다. 이것은 제레미 벤담의 공리주의입니다. 많은 사람에게 쾌락이 돌아가는 것이 올바르다고 생각하는 것입니다.

만약 앞서 예시로 제시한 쓰레기를 버리는 행동이 올바른가 그렇지 않은가 하는 물음에 대해 명확히 대답하지 못했다면 공공의 이익에 있어서 어떠한가를 기준으로 판단할 수 있습니다. 주머니에 있던 지저분한 쓰레기를 버리면 나 자신은 불편함이 해소되지만, 길거리를 지나다니는 많은 사람에게는 반대로 불쾌함을 줄 수 있습니다. 그렇다면 이 행동은 옳지 않은 행동이 됩니다. 이와 같은 기준이 바로 공리주의입니다. 또한 남에게 피해를 주면 안 된다는 무조건적인 의무주의적 기준을 따른다면 역시 쓰레기를 버리는 행동은 옳지 않은 행동이 됩니다.

따라서 우리가 어떤 행위를 할 때는 의무론적 판단 기준과 공리주의적 판단 기준 이 두 가지 기준을 같이 생각하면 됩니다. 두 가지 기준에 비추어서 옳다고 판단되는 행동은 절대적으로 옳은 일이 됩니다. 하지만 우리가 살아가는 세상은 사실상 그렇게 간단하지 않아 서로 다른 기준이 서로 충돌할 수도 있습니다. 이러한 것들이 윤리학에서 다루는 내용입니다.

예전에 마이클 샌델(Michael Sandel)의 '정의란 무엇인가(JUSTICE)'가 사회적으로 굉장히 유행하고, 또 많은 이론이 제시되었습니다. 그 당시는 아마도 사회 정의에 대한 갈망이 커서 그러한 이론이 많이 나타났을 것입니다. 그런데 서양 사람들이 말하는 '정의'는 결국 공리주의, 의무주의 그리고 정의론에 관한 이야기입니다.

구체적으로 그들이 말하는 '정의'는 균등한 기회의 제공과 균등한 부의 재분배입니다. 둘 중 하나라도 충족시킬 수 없다면 정의롭지 않다고 이야기합니다.

이제까지 제시한 것은 모두 철학에서 기본적인 내용이고, 이러한 내용이 'philosophy'라는 글자에 내포된 것입니다. 그래서 서양에서 철학을 배운 사람들은 누구나 'pilosophy(철학)'라는 이야기를 할 때, 머릿속에 형이상학, 인식론, 그리고 윤리학을 떠올리게 됩니다.

이상과 같은 내용을 포함하는 'pilosophy'를 일본 학자 니시 아마네(西周, にし あまね)가 철학(哲學)이라는 용어로 번역하게 됩니다. 일본 사람들이 개혁 개방을 하면서 받아들였던 내용을 자신들의 학문으로 만들기 위해서 변형한 부분들이 우리 학문에도 들어오게 된 것입니다. 우리가 현재 쓰고 있는 대부분의 학문적 용어는 모두 번역어입니다. 우리만의 체계가 없었던 것입니다. 우리가 '학문이다'라고 이야기할 수 있는 근대 지식이 체계화되어서 들어온 시기는 일본보다 한참 늦으며, 학계에서 철학을 포함한 분과학문을 이야기하는 역사도 약 100년의 역사밖에 되지 않았습니다.

이후에 니시 아마네(西周, にし あまね)는 그가 번역한 『리학(利學)』의 서문(序文)에서 철학을 다음과 같이 정의합니다.

'철학은 유럽의 유학이다' 지금 철학이라고 번역한 것은 동방의 유학과 다르며, 철학이라는 말의 어원은 'philosophy'로 'philo'는 '구한다' 그리고 'sophy'는 현덕(賢德: 현명한 지혜)을 의미하여, '현명한 지혜를 구하는 것'이 철학이다.

사실 중국철학이 유학만을 이야기하지는 않지만 니시 아마네는 『리학(利學)』에서 범위를 축소하여 설명하고 있습니다.

그럼 동양철학에 관해 알아보겠습니다.

일반적으로 '동양'이라고 하면 지리적인 면에서 보통 중국을 이야기합니다. 그래서 동양철학도 대체로 중국의 철학을 이야기합니다. 그런데 고대 중국의 문헌에서는 '철학(哲學)'이라는 한자를 찾아볼 수 없습니다. 단지 『사기(史記)』의 공자세가(孔子世家)에서 '철인(哲人)'이라는 표현을 확인할 수 있습니다.

중국 고대에는 오늘날 철학의 의미와 완전히 같은 명사는 찾아볼 수 없습니다. 하지만 시대별로 그에 유사한 개념이 존재했고 그러한 개념들이 현재 중국철학의 내용을 구성하고 있습니다.

그 흐름을 살펴보면 다음과 같습니다.

선진시대(先秦時代)의 '학(學)'은 그 의미가 그리스의 철학 개념과 대략 비슷합니다. 한비자는 현학(顯學) 편에서 "세상의 유명한 학문은 유가와 묵가이다(世之顯學, 儒墨也)"라고 이야기합니다. 그리고 선진시대의 사상을 논한 책은 모두 '자(子)'자를 붙이고 있는데, 한대(漢代) 유흠(劉歆)이 편찬한 『칠략(七略)』은 모두 '자(子)'의 설을 제자략(諸子略)에 포함시켰으며, 이에 따라 이른바 '諸子之學(제자지학)'이라는 것이 오늘날의 철학과 근접한 의미의 명사가 됩니다.

위진시대(魏晉時代)에는 현학(玄學)이라는 철학 사조가 있습니다. 남북조시대 송나라 명제(明帝)는 총명관(聰明觀)을 두어 유(儒), 현(玄), 문(文), 사(史)의 네 과를 설치하고, 각 과에 학사 10인을 두었습니다. 이 때문에 현학(玄學)은 하나의 전문과가 되어 경학(經學), 문학(文學), 사학(史學)과 동렬에 놓이게 됩니다. 여기서 현학(玄學)의 의미는 오늘날의 철학과 비슷합니다. 또한 송대(宋代)에는 도학(道學), 의리지학(義理之學), 리학(理學) 등의 명칭이 있었고, 북송(北宋)의 철학가 장재(張載)의 저록(著錄) 중에는 다음과 같은 말을 찾아볼 수 있습니다.

> 朝廷以道學政術為二事, 此正自古之可優者。
>
> -『答范巽之書』

조정은 도학과 정치를 두 가지 일로 여기는데,
이것은 바로 예로부터 내려온 걱정할 만한 일이다.

義理之學, 亦須深沈方有造, 非淺易輕浮之可得也.
- 『經學理窟』

의리지학은 또한 깊이 탐구해야만 바야흐로 나아가는 바
가 있으니 쉽고 가볍게 얻을 수 있는 것이 아니다

리학(理學)은 남송 시대에 이미 매우 유행합니다. 황진(黃震)은
『황씨일초·독논어(黃氏日鈔·讀論語)』에서 다음과 같이 말합니다.

自本朝講明理學, 脫去詁訓.

우리나라가 리학(理学)을 밝힌 이래로 훈고 주석을 탈피했다.

도학, 리학 또는 의리지학은 그 내용이 오늘날의 철학과 매우
비슷합니다. 청대에는 의리지학이라는 명칭이 더욱 유행했습니
다. 청대 사람들은 학문을 의리(義理), 고거(考據), 사장(詞章)의 세
가지 부분으로 나누었는데, 이 가운데 의리지학을 철학이라고 할

수 있습니다.

청대의 학자 방이지(方以智)는 '통궤(通几)'라는 단어로 철학을 말하기도 합니다. '통궤(通几)'에서 '궤(几)'는 사물이 변화하는 근원을 이야기하며, 이는 본질적이거나 존재론적인 물음을 지칭합니다. 이 때문에 방이지가 말하는 '통궤(通几)'는 사물이 변화하는 근원을 연구하는 학문입니다.

이 외에도 중국의 근대화에 큰 영향을 주었던 량치차오(梁启超)는 서양의 학문을 공부한 학자였습니다. 량치차오는 철학이라는 단어의 번역이 적절하지 않으며, 철학 대신 도술학(道術學)으로 번역할 것을 제안합니다. 서양에서 이야기하는 철학이 중국에도 고대로부터 존재했고, 그것을 지칭하는 용어를 장자(莊子)의 천하편(天下篇)에 나온 도술(道術)이라는 단어를 가져와서 도술학(道術學)이라 명명하였습니다. 도술학은 도술과 관련한 지식을 모아놓은 체계를 의미하는 것입니다.

중국 고대부터 다양하게 등장하는 용어들 가운데 무엇을 중국철학이라 부를 수 있을까요? 우리는 지금까지 중국철학을 이해하기 위해 고대에서부터 실마리를 찾고 있었지만, 철학이라는 용어는 사실 일본의 근대 시기 번역어이며 중국이 받아들인 용어입니다. 그렇기 때문에 근대 중국 지식인들이 자신들의 학문을 어떻게 분류 정의하였는지를 이해한다면 중국철학의 내용을 이해할 수 있습니다.

중국의 근대 시기는 매우 혼란했습니다. 1840년 아편 전쟁 이후 중국의 학자들은 점차 중국의 문화에 자신을 잃기 시작합니다. 1850년 태평천국의 난이 있었고, 1894년에는 청일전쟁이 일어납니다. 그 후 19세기 후반에는 근대화 운동인 양무운동이 일어나 전반서화(全盘西化)[1]를 부르짖으며 서양 문물을 수용해 부국강병을 이루고자 합니다. 백련교의 반란, 아편 전쟁, 태평천국운동으로 이어지는 청 왕조 몰락의 역사는 통치 집단 내부에서 서양식 개혁을 통한 부국강병책으로 자신들의 통치 체제를 강화하자는 움직임을 불러일으켰습니다.

이 당시 지식인들은 동방파 혹은 급진파의 두 갈래로 나뉘게 되는데, 이때 등장하는 것이 '중체서용'과 '서체중용'의 개념입니다. '중체서용(中體西用)'은 중국 본래의 학문을 체(體: 몸통, 중심)로, 서양의 학문을 용(用: 쓰임)으로 하여 받아들이자는 주장이고, '서체중용(西體中用)'은 반대로 서양의 학문을 체(體: 몸통, 중심)로 하

---

1   서양 문화를 전부 그대로 받아들이려는 사조.(강춘화외 4인, 『최신 중한신조어사전』, 학고방, 2009.)

고, 중국의 학문을 용(用: 쓰임)으로 수용하자는 견해입니다.

이후 청일전쟁은 양무운동의 한계를 여실히 보여주었고 그 결과 캉유웨이(康有爲)와 량치차오(梁啓超)를 중심으로 개혁 운동인 변법자강운동이 일어나게 됩니다. 봉건으로부터 근대로 전환해야 한다는 시대적 과제는 서양문명의 수용을 핵심 내용으로 하였고 당시 중체서용론은 이 문제에 대해 청 왕조가 내린 결론이었습니다.

중국의 근대 시기 우리가 주목할 것은 국학(國學)입니다. 국학이라는 명칭은 청대에서부터 사용하기 시작했습니다. 이것은 모든 중국의 학문을 지칭하며 서학(西學: 서양의 학문)과는 서로 대조되는 용어입니다. 국학은 국고(國故) 또는 국수(国粹) 등 여러 가지 별칭이 있으며, 요즘 사람들은 한학(漢學)이라고 이야기하기도 합니다.

19세기 말 중국의 근대 학자인 장태염(章太炎)은 『국고논형(國故論衡)』, 『국학약론(國學略論)』 등의 책을 집필하여 중화 고유의 문화를 찬양하였고, 중국 학술 정신의 핵심을 널리 알립니다. 그는 저서에서 국학(國學), 국고(國故), 국수(國粹) 등의 명칭을 사용하였는데, 사람들은 국고(國故)와 국수(國粹)보다는 국학(國学)이라는 명칭을 채용하여 중국 학술에 대한 명칭이 정해지게 됩니다.

서양학자들의 중국 학술에 관한 연구가 보편화되면서 중국 학술을 한학(漢學, sinology), 화학(華學)이라고 부르기 시작했습니다. 일본 사람들은 지나학(支那學), 한국 사람들은 중국학(中國學) 그리고 또 다른 국가에서는 중국 연구(Chinese Studies), 동방 연구(Oriental Studies) 또는 원동 연구(Far Eastern Studies)라고 부르기도 합니다.

국학의 명칭에 대해서 이해했다면 다음으로 국학의 범주를 살펴봐야 합니다. 중국에는 철학이라는 용어 자체가 없었기 때문에 학문의 분류를 통해 서양의 형이상학과 윤리학 그리고 인식론이 고대 중국에서 각각 어떤 명칭으로 분류되었는지를 알아보는 것입니다.

청대의 학자인 요내(姚鼐 1732~1815)는 한학(漢學)을 의리지학(義理之學), 고거지학(考据之學), 사장지학(詞章之學)의 세 가지로 분류했으며, 중국 청나라 말기의 정치가이자 학자인 증국번(曾國藩)은 의리지학, 고거지학, 사장지학에 다시 경세지학(經世之學)을 추가합니다. 경세지학은 세상을 경영하는 학문을 말합니다. 이 가운데 철학에 관련된 부분은 의리지학이고, 사장지학은 문학과 관련된 것입니다. 그리고 고거지학은 문자학, 고고학 등을 포함합니다. 서양의 철학 개념과 상응하는 의리지학은 경학(經學), 자학(子學), 현학(玄學), 리학(理學), 현대철학(現代哲學) 등으로 나뉩니다.

경학은 유가의 경(經)에 대한 학문입니다. 경(經)은 유가에서 중시하는 서적을 이야기하는데, 13종의 경서를 총칭하는 말입니다. 『논어(論語)』, 『맹자(孟子)』, 『중용(中庸)』, 『대학(大學)』, 『춘추(春秋)』, 『시경(詩經)』, 『서경(書經)』, 『역경(易經)』, 『주례(周禮)』, 『의례(儀禮)』, 『예기(禮記)』 등을 이야기합니다.

그리고 자학(子學)에서 자(子)는 춘추전국 시대에 '선생님'을 의미했습니다. 공자, 노자, 맹자, 순자, 한비자에 모두 자(子)가 들어가 있습니다. 따라서 자학(子學)은 자(子)에 대한 학문, 즉 앞에 나열한 성인들에 대한 학문 그리고 그들이 남겨놓은 책에 대한 학문입니다. 이러한 옛 성인들은 무엇을 이야기했을까요? 바로 우주와 인식론 그리고 윤리학에 관해서 이야기했습니다.

중국에 공자가 살았던 시기 서양에는 플라톤과 아리스토텔레스가 살았습니다. 그리고 중국의 춘추전국 시대에 인도에는 부처가 있었습니다. 이처럼 세계에 지성(至聖)이라고 일컫는 인물들은 비슷한 시대에 살았으며 비슷한 주제에 관해 이야기했습니다.

또 현학(玄學)은 위진 남북조 시대에 나타난 철학 사조로 명교(明敎)와 자연의 조화를 목적으로 유가와 도가의 사상을 통합시키려는 새로운 학문의 형태입니다.

이외에도 의리지학에는 부처와 불교에 관한 불학(佛學) 그리고 송명리학(宋明理學)과 현대철학(現代哲學)이 포함되어 있습니다.

증국번은 의리지학 외에도 한학(漢學)을 고거지학, 사장지학, 경세지학으로 나누었습니다. 각 대상의 하위 분류를 살펴보면 우선 고거지학에는 어언학(語言學), 문자학(文字學), 성운학(聲韻學), 훈고학(訓詁學), 목록학(目錄學), 교감학(校勘學), 고고학(考古學), 금석학(金石學), 돈황학(敦煌學) 등이 포함되어 있고, 사장지학은 문장학(文章學), 문법학(文法學), 수사학(修辭學), 시학(詩學), 사학(詞學), 산곡학(散曲學), 희극학(戲劇學), 소설학(小說學), 속문학(俗文學), 문학비평(文學批評) 그리고 문학(文學)과 예술분야(藝術分野)까지 모두 포함합니다.

마지막으로 경세지학(經世之學)에는 천문학(天文學), 지리학(地理學), 역산학(歷算學), 박물학(博物學), 의학(醫學), 병학(兵學), 정학(政學), 자연과학(自然科學) 등이 있습니다.

여기까지는 중국 국학의 범주를 살펴보았습니다. 중요한 것은 시대별로 나타난 이러한 학문의 여러 분류 가운데에서 어떠한 부분이 철학이라 할 수 있는가에 대해서 생각해 보는 것입니다.

중국의 역사를 이야기할 때 24사(二十四史)를 말합니다. 24사는 중국 역대 왕조의 정사(正史)로 인정되는 24종류의 사서(史書)를 말하며, 우리나라의 조선왕조실록과 같은 책입니다. 24사에 『청사고(清史稿)』를 더하여 25사로 말하기도 합니다. 또 이러한 정사(正

史)의 기록 가운데 당시에 존재하던 책들의 목록을 정리한 것으로
예문지(藝文志)나 경적지(經籍志)라는 책이 있습니다.

한서 예문지는 『칠략(七略)』의 분류법인 칠분법(七分法)을 따르
고 있으며, 책의 제목과 내용, 그리고 책의 권수 등을 분류하여 정
리하고 있습니다.

예문지의 모범이 된 칠략(七略)은 집략(輯略), 육례략(六藝略), 제
자략(諸子略), 시부략(詩賦略), 병서략(兵書略), 술수략(術數略), 방기
략(方技略)으로 분류됩니다. 이 가운데 몇 가지만 살펴보면 우선
육례략(六藝略)에는 역(易), 서(書), 시(詩), 예(禮), 악(樂), 춘추(春秋),
논어(論語), 효경(孝經), 소학(小學) 등의 책들을 포함하고 있고, 제
자략(諸子略)은 유가(儒家), 도가(道家), 음양가(陰陽家), 법가(法家),
명가(名家), 묵가(墨家), 종횡가(縱橫家), 잡가(雜家), 농가(農家), 소설
가(小說家) 등으로 구성 당시에 존재했던 서적의 저자나 내용 구성
에 관해 설명하고 있습니다.

중국 고대에는 이러한 도서 분류법 외에도 시대별로 다양한 분
류법이 존재했습니다.

서진(西晉)의 순욱(荀勗)은 『중경신부(中經新簿)』에서 사분법(四
分法), 즉 갑부(甲部), 을부(乙部), 병부(丙部), 정부(丁部)로 분류하고
있습니다. 이 가운데 갑부와 을부의 하위 분류를 살펴보면 갑부에

는 육예(六藝)와 소학(小學)을 포함하고, 을부에는 고대제가(古代諸子), 근세제자(近世諸子), 병가(兵家)와 술수가(術數家) 등의 책이 포함되어 있습니다. 우리가 지금까지 이야기했던 철학과 대응되는 대상들이 모두 여기에 포함된 것을 볼 수 있습니다.

또한, 남송 시기의 왕검(王儉)은 『칠지(七志)』에서 칠분법(七分法)의 분류를 따르고 있습니다. 하지만 그 내용은 이전과 다릅니다. 『칠지(七志)』는 경전지(經典志), 제자지(諸子志), 문한지(文翰志), 군서지(軍書志), 음양지(陰陽志), 술예지(術藝志), 도보지(圖譜志)로 구성되어 있습니다. 앞에서 이야기했던 진(晉)나라 순욱(荀勗)의 『중경신부(中經新簿)』와 대조해 보면 『중경신부(中經新簿)』에서 갑부에 분류된 육예(六藝)와 소학(小學)은 『칠지(七志)』에서 경전지(經典志)에 분류되어 있으며, 사기(史記) 또한 경전지에 함께 포함되어 있습니다. 제자지(諸子志)에는 제자(諸子)와 관련된 책들이 포함돼 있습니다.

정리해 보면 서한(西漢) 시대 때, 칠분법(七分法)으로 분류하다가 진(晉)나라 때는 갑·을·병·정의 사분법(四分法)으로 나뉘고, 남송 시기에는 다시 칠분법(七分法)으로 분류하여 시대별로 계속해서 변화되는 양상을 보입니다.

이후 『수서·경적지(隋書·經籍志)』도 사분법(四分法)으로 순욱

(荀勗)의 『중경신부(中經新簿)』를 따르고 있지만, 갑(甲)·을(乙)·병(丙)·정(丁)의 명칭을 사용하지 않고, 경(經)·사(史)·자(子)·집(集)으로 명칭을 사용합니다. 각각의 내용을 보면 경적1(經籍一)에 해당하는 경(經)에는 역(易), 서(書), 시(詩), 예(禮), 악(樂), 춘추(春秋), 효경(孝經), 논어(論語) 등이 있고, 경적2(經籍二)에 해당하는 사(史)는 역사와 관련된 내용들로 구성되어 있으며, 경적3(經籍三)에 해당하는 자(子)는 유(儒), 도(道), 법(法), 명(名), 묵(墨) 등의 제자백가를 비롯한 천문(天文), 역수(曆數), 오행(五行), 의방(醫方)과 관련된 책들도 들어있습니다. 또 마지막으로 경적4(經籍四)에 해당하는 집(集)에는 불경(佛經) 관련 책이 포함되어 있습니다. 이 같은 분류는 청대 요내(姚鼐)에 의해 의리지학, 고거지학, 사장지학의 삼분법(三分法)으로 청 말기 학자 증국번(曾國藩)에 의해 의리지학, 고거지학, 사장지학, 경세지학의 사분법(四分法)으로 나뉘게 됩니다.

모든 책을 모아서 분류하는 것은 청대의 국가사업이기도 했습니다. 사고전서는 중국 역사에서 자료와 서적들을 모아서 만든 유서(類書)로써 역사상 세계에서도 유례가 없는 방대한 총서입니다. 백과사전을 편찬하는 일은 역대 왕조마다 이뤄졌습니다. 명나라 때에는 영락제(永樂帝)의 명으로 영락대전이 편찬되었고, 청나라 강희제(康熙帝) 때는 강희자전, 또 옹정제(雍正帝) 때에는 고금도서집성이 편찬되었습니다. 건륭제(乾隆帝)의 즉위 후 고금도서집성이 전문을 다 싣지 않고 일부만 인용한 것을 아쉬워한 황제는 책과 자료의 전문을 모두 싣는 총서 편찬을 추진하였고 그 결과『사고전서(四庫全書)』의 대형 총서를 편찬합니다. 최종적으로 편찬된 사고전서는 3503부 7만 9377권이라는 어마어마한 분량이었습니다.『사고전서(四庫全書)』의 분류를 살펴보면 경부(經部), 사부(史部), 자부(子部), 집부(集部)로 나누어져 있습니다. 그중 경부에는 유가의 경전인 역(易), 서(書), 시(詩), 예(禮), 춘추(春秋), 효경(孝經), 오경총의(五經總義), 사서(四書) 등이 있고, 사부는 마찬가지로 역사와 관련된 내용입니다. 자부는 유가(儒家), 병가(兵家), 법가(法家), 농가(農家), 의가(醫家), 도가(道家) 등을 비롯해 불교에 관해 이야기하는 석가(釋家)도 자부로 편입이 되었습니다. 그래서 이 자부에는 유가(儒家), 도가(道家), 불가(佛家)가 모두 포함되어 있다는 것을 볼 수 있습니다. 그리고 마지막 집부에는 초사(楚辭), 별집(別集), 총집(總集), 시문평(詩文評), 사곡(詞曲) 등이 들어있습니다.

　서양 사람들은 학문과 지식에 있어서 헤게모니를 가지고, 유럽의 철학을 일반화시켜서 불렀습니다. 그렇지만 지금까지 살펴본 것과 같이 중국 역시 동아시아 사상의 중심지로 철학을 가지고 있었습니다. 다만 철학이라는 용어를 사용하지 않고, 시대마다 다른 명칭으로 불렸던 것입니다.

　서양 역시 시대마다 다양한 명칭의 철학이 존재했습니다. 고대에는 덕성을 추구했던 스토아학파, 행복을 추구했던 에피쿠로스학파 그리고 종교적 구제나 깨달음을 목적으로 했던 신플라톤주의 학파가 있었습니다. 중세로 넘어오면 신을 증명하는 것을 목적으로 하는 신학과 그 철학이 존재했고, 세계관을 구하는 학문으로 순수 철학이 있었습니다. 이처럼 서양 철학의 전통도 계속해서 변화해 왔습니다. 그 속에서 변하지 않는 세 가지 앎의 대상은 세계에 관한 이론 탐구를 목적으로 한 우주론, 삶에 관한 이론 탐구를 목적으로 한 인간론, 이 인간론 안에 윤리론이 포함됩니다. 그리고 지식에 관한 이론 탐구를 목적으로 한 인식론입니다. 이러한 삼분법은 플라톤 이후 중세 말까지 유행하게 되고, 근대까지도 널리 사용됩니다.

　그렇다면 이제까지 제시한 중국의 많은 학문 중에서 어떤 영역이 중국학자들이 정의하는 철학인지 생각해 봐야 합니다.

　우선 중국학자들은 철학이 philosophy라는 문자를 번역한 것이라는 점을 인정하면서도 자신들의 전통과 언어적 배경 아래에 중국적 철학을 정립하고 의미를 재부여하고자 노력합니다.

　앞서 이야기했던 것과 같이 철학이라는 말은 니시 아마네(西

周, にし あまね)가 백학연환(百學連環)이라는 강연에서 '희철학(希哲學)'의 용어에서 '희(希)'를 생략하고 사용한 단어입니다. 그런데 중국의 지식인들은 이 단어의 기원을 자신들의 고대 문자에서 찾으려고 노력합니다. 그들은 중국의 가장 오래된 자서(字書)인 『이아(爾雅)』의 내용을 참고해서 철(哲)을 '지(智)'로 풀이하고, 『상서(尙書)』를 참고해서 학(學)을 '효(效: 본받다)'로 풀이하고 있습니다. 그런데 그들이 말하는 '지(智)'는 일반적으로 말하는 '지식'과는 다른 의미를 가집니다. 지식은 지(智)를 추구해서 얻는 하나의 성과이지만, 중국 전통에서 말하는 지(智)는 성과에서의 지식뿐만 아니라 덕성이나 능력도 포함되기 때문입니다. 따라서 중국에서 철학이라는 말은 philosophy가 가진 지혜에 대한 사랑이라는 의미보다 덕성이라는 의미가 깊게 함유되어 있습니다. 이 부분은 중국 철학에서 강조하는 점이며 철학이 단순히 지식의 대상이 아닌 본받을 수 있는 어떤 것이라는 의미입니다.

이번에는 중국의 철학자들이 이야기하는 정의를 통해 중국철학의 내용을 알아보겠습니다. 당군의(唐君毅)는 『철학개론(哲學概論)』에서 인간이 우주 안에서 모든 것을 밖으로부터 본받고 안으로부터 깨달아 아직 본받지 못한 것을 본받고, 또 깨닫지 못한 것을 깨닫는 모든 활동을 개괄한 것이 철학이라고 이야기합니다.

여기에서 깨달음의 대상으로 삼고 있는 것은 인간과 우주 그리고 나아가 인간과 우주의 관계입니다. 인간은 우주 안에 존재하고, 본받지 못한 것을 본받고 깨닫지 못한 것을 깨닫는다는 것은 인간이 생각하는 모든 활동을 가리킵니다.

또한, 서양 철학에 매우 정통한 모종삼(牟宗三)은 무릇 인성의 활동이 미치는 바에 대해서 이지(理智) 및 관념을 사용해서 반성하고 설명하는 것이 철학이라 말합니다.

중국 최초로 미국 컬럼비아대학에서 철학으로 박사학위를 받고, 중국의 백화운동(白話運動)을 추동하였던 호적(胡適)은 인생의 절실한 문제를 그 근본에서 생각해서 근본적인 해결을 찾는 것이 철학이라고 정의 내리고 있습니다. 인생의 주체는 인간이고, 인간의 삶을 근본에서부터 생각하여 나는 누구이고, 또 어디에서 왔으며, 삶이라는 것은 어떤 의미인지에 대해서 생각하고, 마침내 내가 존재하는 의미를 찾아가는 모든 과정이 철학이라고 생각합니다.

마지막으로 방동미(方东美)는 철학을 리(理)와 정(情)의 융합이라고 말합니다. 리(理)는 세계의 이치로 소이연(所以然)을 표현하고, 정(情)은 인간을 대표합니다. 그래서 리(理)와 정(情)의 융합이란 결국 세계와 인간이 융합하는 것을 말하고, 이것이 철학이라는 것입니다.

이처럼 중국철학은 지식에 대한 앎을 추구하는 인식론적 탐구보다 덕성의 함양과 인격 수양을 중시하는 한층 높은 경지의 지혜를 추구한다고 할 수 있습니다. 그렇다면 지식과 지혜는 무엇이 다를까요? 지식은 책을 통해 얻게 되는 단순하고 객관적인 사실이고, 지혜는 주관적인 체험과 객관적인 지식이 합쳐져서 얻게 되는 보다 높은 지적인 내용입니다.

동양에서는 단순한 지식이 아닌 삶에서 주관적인 지식이 고양된 지혜를 추구했습니다. 즉 서양 철학이 진리를 추구하는 데 중점을 두고 있다면, 중국철학 또는 중국적 철학은 생명을 주체로 한 인간을 중심으로, 인간이 마땅히 행해야 하는 행위를 체득하고, 그것을 실천하는 것을 궁극적 목적으로 하고 있습니다.

철학 공부를 하는 사람들은 아마 모두 '철학을 하는 것'과 '철학을 공부하는 것'에 관한 의문을 가지고 있을 것입니다.

철학을 하는 것은 실질적으로 내가 깨우치고 얻은 지혜를 통해 나의 삶을 바꿔 가는 것을 이야기합니다. 예를 들어 공자의 인(仁)을 내가 깨닫고 직접 실천해 보는 것입니다. 일정 기간 실천해 보고 스스로가 어떻게 바뀌는지 그리고 주변은 어떤 변화가 생기는지 관찰해 보는 것입니다.

그렇다면 철학사를 공부한다는 것은 무엇을 말할까요?

공자의 인(仁)이나 맹자의 의(義) 그리고 노자의 도(道)나 장자의 소요유(逍遙遊) 등의 개념들과 그들의 학설에 대해 공부하는 것을 말합니다. 즉 중국철학에 관한 방대한 지식을 공부하는 것입니다. 따라서 중국철학을 공부한다고 이야기할 때 실질적으로는 철학을 하는 것과 철학사를 공부한다는 것은 서로 구분되어야 합니다.

일전에 저희 아버님께서 돌아가셨을 때, 본가 옛집에서 오랫동안 걸어둔 글귀가 눈에 들어왔습니다. 자세히 살펴보니 유가 경전의 내용이었습니다. 저희 집안은 유학을 해 온 집안도 아니고, 자랄 때 그것에 대해서 특별히 언급하셨던 적도 없었지만, 할아버지 때부터 전해 주셨던 것 같습니다. 그것을 외우는 것이 중요한 것이 아니라 거기에 적힌 내용을 실천하라고 걸어 놓으셨던 것입니다.

사실 우리가 가지고 있는 가치관에는 알게 모르게 많은 유학적 전통이 숨어 있습니다. 우리가 행하고 있는 관혼상제부터 시작해서 일상생활에서의 기준들까지 말입니다.

우리가 동양철학의 이해를 통해서 그러한 기준들을 공부하고, 또 그 기준들을 나의 삶에 적용해서 살아가는 것이 동양철학을 배우는 진정한 의미가 아닐까 생각합니다. 단순히 철학사를 공부해 지적 만족을 채우는 것이 아니라 철학을 함으로써 나의 삶의 방향을 전환하는 것입니다.

제2장

유가(儒家)

우리가 보통 동양철학이나 중국 철학을 이야기할 때 가장 먼저 떠오르는 사람이나 학파는 공자(孔子) 그리고 유가(儒家)일 것입니다. 그리고 그것은 아마도 우리의 전통 역사와 깊이 연관되어 있기 때문인 것 같습니다. 일전에 어떤 강의에서 한 교수님께서 "유가의 사상적 전통은 우리의 삶과 뗄 수 없는 우리 삶의 저변에 흐르는 물줄기와 같다."라고 표현하시는 것을 들었습니다. 생각해 보면 집안에서 "이것이 유가적 가르침이다"라고 직접 배우는 것은 아니지만, 생활 속에서 조부모님이나 부모님 등 어른들에게 받은 전통적 가치관과 가르침을 통해 유가의 사상이 우리의 삶 속에 자연히 녹아 있다는 생각이 듭니다.

예를 들어 관혼상제(冠婚喪祭)라든지 우리가 사는 사회와 생활에서 기본적으로 중요하게 생각하는 예절이 모두 그에 해당할 것입니다. 이 관혼상제의 내용을 수록한 것이 주자(朱子)의 주자가례(朱子家禮)입니다. 이러한 내용이 궁궐에서 지켜야 하는 예법으로 또 한층 간소화되어 일반 백성에게는 가정의례(家庭儀禮)로 자리잡아 우리가 지금도 따르고 있는 부분이 아주 많습니다. 이렇듯 우리에게 사상적으로 큰 영향을 준 것이 바로 유가입니다. 그리고 유가하면 가장 먼저 떠오르는 인물이 바로 공자(孔子)입니다. 논어(論語)라는 책도 들어봤을 것입니다. 논어는 공자와 제자들의 대화를 기록한 유가의 매우 중요한 책입니다.

공자에 관해서 이야기하기 전에 먼저 말할 것은 유가(儒家)라는 학파입니다. 유가는 제자백가(諸子百家)[1] 가운데 하나로 공자를 숭상하는 학파입니다. 제자백가에서 '백(百)'은 100이라는 숫자의 의미가 아닌 '많다'라는 뜻입니다. 제자백가의 분류는 시대마다 조금씩 다릅니다. 한(漢)나라 때 사마천(司馬遷)의 아버지 사마담(司馬談)이 쓴 『태사공서(太史公 書)』에서는 음양가(陰陽家)·유가(儒家)·묵가(墨家)·명가(名家)·법가(法家)·도덕가(道德家)의 6개의 학파로 나누고 있고, 한서(漢書)에서는 10개의 학파로 나누고 있습니다.

한서 예문지(漢書·藝文志)에서는 유가의 기원에 대해 주(周)나라 때 교육을 맡았던 사도(司徒)[2]라는 관직 출신들과 관련이 있다는 기록이 있습니다. 그리고 이러한 관점을 제자출어왕관(諸子出於王官) 설이라고 합니다. 즉 고대에 지식을 장악했던 계층은 관료 계층이었으며, 주(周)나라의 황실이 붕괴하면서 관료들이 세상으로 흩어져 나와 그들의 지식을 세상에 전파했다는 것입니다.

유가의 기원에 대해서 1930년대에 학계에서 한차례 격론이 있

---

1   춘추시대부터 전국시대 말기까지 존재했던 중국의 다양한 학파.

2   사도(司徒)란 백성들의 교육을 담당하는 직책이다. 이들은 군주를 도와 음양에 순응하고 백성을 교화시키는 것을 자신들의 직책으로 삼았다.

동양철학의 이해

었습니다. 근대학자인 장태염(章太炎)은 한나라 반고의 관점을 따라 "유가라는 부류는 사도라는 관직으로부터 유래한다."라고 이야기했고, 호적(胡適)은 이와 다르게 『회남자·요약(淮南子·要略)』의 관점을 따라 "세상의 변화에 적응하기 위한 절박함"에서 제자백가가 출현했으며 유가는 은나라 유민 중에서 술사(術士)[3]들이 변한 것이라 주장합니다. 호적은 장장 5만여 자에 달하는 그의 논문 설유(說儒)에서 유자(儒者)들이 매우 어려운 여건 속에서도 은나라의 종교적 의례를 중단 없이 보존해 왔다고 지적합니다. 호적은 그들 대부분은 600~700년 동안 발전을 거듭해 스승의 지위로 성장했으며, 그들의 예교는 서서히 통치 계급 속에 자리 잡게 되었다고 설명합니다. 호적은 세계 문화적 관점에서 공자 이전의 유자들을 유대교의 제사나 이슬람교의 교사와 유사하다고 생각했습니다. 그 때문에 호적은 그의 논문에서 "유자의 직능이 기독교의 목사와 비슷하며, 초기의 유자는 민족의 종교적 스승이었다."라고 이야기합니다. 공자는 이 같은 유자들 가운데 한사람이라 생각됩니다.

　유학은 공자가 창시한 학문입니다. 유학을 비록 공자가 창시하였다고 하지만, "옛것을 조술했을 뿐 창작하지 않았다.(述而不作)"

3　음양(陰陽), 복서(卜筮), 점술(占術)에 정통한 사람. (『표준국어대사전』)

라는 공자 자신의 말처럼 그가 독창적으로 만들어 낸 것은 아닙니다. 공자 이전의 여러 사상, 예를 들면 은나라의 종교적인 상제(上帝) 관념, 주나라의 천명(天命)사상과 조상숭배 사상 그리고 인륜질서인 예(禮), 의(義), 제도 등 전통문화를 계승하고 이를 종합적으로 정리하여 유학을 만들어 낸 것입니다. 공자는 인간의 도덕적 자각과 실천의 자율성이라는 관점을 가지고 기존의 여러 관념에 새로운 의미를 부여하고, 교육을 통해 이를 널리 알리고자 했습니다.

공자, 배려의 철학 '인(仁)'

공자는 기원전 551년에서 479년 춘추시대의 학자이자 사상가로 노(魯)나라 사람이었습니다. 이름은 구(丘) 자는 중니(仲尼)이며, 공부자(孔夫子)라고 부르기도 합니다. 그는 상제나 천명의 권위가 실추되고, 그에 따라 구질서가 혼란하게 된 시대에 어떻게 하면 새로운 인간관을 확립하여 새로운 질서를 세울 수 있을까 하는 것에 관심을 가지게 되었습니다. 그리고 그것은 바로 공자가 그 시대로부터 부여받은 시대적 소명 의식이었습니다. 과제를 해결 함에 있어 공자는 인간 중심적인 측면에서 인륜 질서를 추구하고,

동양철학의 이해

인간존재의 근원을 종교적 색채가 없는 천명에서 구하고자 하였습니다. 이러한 공자의 문제해결 방법에서 비로소 사상이라고 하는 것을 이야기할 수 있게 됩니다. 공자 이후 많은 사상가는 모두 이 같은 시대적 분위기에 부응하여 나름의 방법으로 체계적인 사상을 정리, 당시의 문제를 해결하기 위해 노력하기 시작합니다.

춘추전국시대는 전쟁이 끊임없이 일어나 하루에도 몇 개의 나라가 망했다고 이야기할 정도로 매우 혼란한 시기였습니다. 한 기록에서는 당시의 모습을 '천 리 길에 밥을 짓는 연기가 보이지 않는다'라고 묘사하고 있는데, 전쟁으로 천 리 길 안에 모든 사람이 죽었다는 이야기입니다. 천리는 약 400km로 서울에서 부산까지의 거리입니다. 공자는 이러한 시대에서 어떻게 하면 새로운 인간관과 질서를 확립할 수 있을까를 고민했던 사람입니다. 그가 가졌던 가장 큰 철학적 문제의식은 바로 인간에 대한 이해입니다. 종교적 색채가 없이 천명(天命)을 통해 인륜의 질서를 추구하고 인간존재의 근원을 찾고자 했던 것이 바로 공자의 철학적 여정입니다.

여기에서 잠깐, 당시에 천(天: 하늘)에 대해 가졌던 의미를 이해할 필요가 있습니다. 보통 천(天)의 의미는 주재지천(主宰之天), 의리지천(義理之天), 자연지천(自然之天) 등으로 나눠서 이야기할 수 있습니다. 주재지천은 인격을 가지고 있고, 인간의 삶을 주재하는 종교적인 신의 의미입니다. 의리지천은 인격적인 부분은 가지고 있지 않지만, 인간의 삶에 관여하면서 인간이 도덕적인 행위를 하면 상을 주고, 반대로 나쁜 행위를 하면 벌을 주는 그런 의미의 하늘입니다. 그리고 자연지천은 말 그대로 자연의 의미입니다. 그러니까 인격도 없고, 인간의 삶에 관여하지 않습니다. 그저 자연이 가지고 있는 법칙을 따라서 흘러가고, 인간은 인간의 법칙을 따라서 흘러가는 것입니다. 선진 제자의 사상가들이 가진 천(天)에 관한 생각을 살펴보면 공자나 맹자는 의리지천을 이야기하고, 노자나 순자는 자연지천을 이야기합니다. 이처럼 천(天)의 의미를 이해하면 하늘이 인간에게 미치는 영향이 어디까지인가를 설정할 수 있으므로 중요한 내용이 됩니다.

또한, 공자는 평소에 예(禮)를 매우 중시했다고 합니다. 그래서 옷도 법도에 맞지 않으면 입지 않았으며, 자리도 반듯하지 않으면 앉지 않았다고 합니다. 심지어 음식의 간이 맞지 않거나 반듯하게 썰려 있지 않으면 먹지 않았다고 합니다. 이에 대해 논어에는 다음과 같은 구절이 보입니다.

子曰: 非禮勿視, 非禮勿聽, 非禮勿言, 非禮勿動。

— 『論語·顏淵篇』

동양철학의 이해

예(禮)가 아니면 보지 않고, 예(禮)가 아니면 듣지 않고,

예(禮)가 아니면 말하지 않으며, 예(禮)가 아니면 행하지

않는다

공자는 정원, 가축 관리 등의 일을 하다가 이후 51세 때 대사구(大司寇)[4]라는 벼슬까지 오릅니다. 그러나 정치적 모략으로 관직을 사퇴하게 되고, 56세 때부터 14년간 전국을 돌아다니는 주유천하(周游天下)를 하게 됩니다. 각 나라를 돌아다니며 사회적 개혁을 위한 자신의 소신을 이야기하지만, 어떤 곳에서도 이상적인 결과를 얻지 못합니다. 그 후 73세의 나이로 세상을 떠나게 됩니다.

공자의 사상을 연구할 수 있는 일차 문헌은 논어입니다. 논어는 공자가 직접 지은 책이 아니라, 일종의 대화집이라고 할 수 있습니다. 공자와 그의 제자들, 공자와 당시 사람들, 제자와 제자들 간에 그리고 제자와 당시 사람들과의 대화들이 수록되어 있으며, 그 속에는 공자와 그의 제자들 언행을 기록해 놓았습니다. 그러므로 논어는 공자의 사상이나 인격을 이해할 수 있는 가장 중요한 경전이라고 할 수 있습니다.

---

4   형조판서(刑曹判書)를 이르는 말, 지금의 법무부 장관에 해당함.

논어는 아래와 같이 학이(學而)에서 요왈(堯曰)까지 총 20편으로 이루어져 있으며, 1~10편을 상론(上論) 그리고 11~20편을 하론(下論)으로 분류합니다.

상론(上論)	하론(下論)
제1편 학이(學而)	제11편 선진(先進)
제2편 위정(爲政)	제12편 안연(顔淵)
제3편 팔일(八佾)	제13편 자로(子路)
제4편 이인(里仁)	제14편 헌문(憲問)
제5편 공야장(公冶長)	제15편 위령공(衛靈公)
제6편 옹야(雍也)	제16편 계씨(季氏)
제7편 술이(術而)	제17편 양화(陽貨)
제8편 태백(泰伯)	제18편 미자(微子)
제9편 자한(子罕)	제19편 자장(子張)
제10편 향당(鄕黨)	제20편 요왈(堯曰)

각 편의 제목은 내용의 첫머리에 나오는 글자를 따서 붙였습니다. 아래는 배움에 관해 이야기하는 제1편 학이(學而)입니다. 첫 구절이 "學而時習之"로 시작하여 학이(學而)라는 제목이 붙여졌습니다.

子曰: 學而時習之, 不亦說乎? 有朋自遠方來, 不亦樂乎?

人不知而不慍, 不亦君子乎?

- 『論語·學而篇』

배우고 때로 익히면 기쁘지 아니한가? 친한 벗이 먼 곳에서 찾아오면 또한 즐겁지 아니한가?

남이 알아주지 않아도 성내지 않으면 또한 군자가 아니겠는가?

보통 논어를 이해할 때, 시기적으로 더 오래된 상론 10편을 하론 10편보다 중요시하고 있습니다. 공자의 언행이나 학문 정신, 그의 사상, 제자와의 관계, 공자의 경험 등이 자연스럽게 기술되어 있다는 점에서, 부분적으로 보이는 중복과 다소의 과장이 엿보이는 하론 보다 그 신빙성을 인정받고 있습니다. 그러나 하론 역시 공자의 언행과 그 제자들의 행적 등을 통해 공자의 사상을 부각시키고 있다는 점에서는 역시 매우 중요하다 할 수 있습니다.

논어에서 다루는 내용 가운데 가장 높은 비율을 차지하는 부분은 개인의 인격 수양이나 사회 윤리에 관한 내용과 교훈입니다. 그 외에도 정치론, 철학론, 공자의 제자들과 그 당시 동시대를 살았던 인물들을 상대로 각 상황에 따라 제시한 가르침의 문답들 그리고 문인이나 동시대 인물들에 대한 비평, 공자의 일상생활과 공자에 대한 제자들의 찬미 내용을 담고 있습니다.

공자의 문하(門下)에는 육경(六經)⁵에 통달한 이가 무려 72명이나 되었는데, 이들을 가리켜 칠십이현(七十二賢)이라고 합니다. 그 중에서도 특히 유명한 제자로는 안회(顔回), 민자건(閔子騫), 염백우(冉伯牛), 중궁(仲弓), 재아(宰我), 자공(子貢), 염유(冉有), 자로(子路), 자유(子游), 자하(子夏) 등이 있습니다. 여기에 나열된 이 열 명의 제자를 공문십철(孔門十哲)이라 부르는데, 논어를 읽다 보면 자주 등장하는 인물들입니다. 공자의 제자 가운데 안회가 학문과 덕이 가장 뛰어났지만 먼저 세상을 떠나게 됩니다. 그리고 공자의 학통을 후대에 전한 제자는 증자(曾子)와 자공(子貢)이었다고 전합니다.

공자에 대해서 조금 더 자세히 알아보도록 하겠습니다.

우선 공자가 어떤 사람이었는가에 대한 사람들의 평가는 보통 두 가지로 나눠집니다.

5　『시경(詩經)』, 『서경(書經)』, 『역경(易經)』, 『예기(禮記)』, 『악기(樂記)』, 『춘추(春秋)』의 여섯 가지 유가의 기본 경전을 말한다.

동양철학의 이해

첫째는 중국 최초의 인본주의 철학자, 즉 인간을 중심으로 하는 철학자라는 것입니다.

그는 인간에 대한 새로운 정의를 바탕으로 인간의 삶과 질서를 규정하여 이상 세계를 만들고자 했던 인본주의 철학자였습니다. 이러한 공자의 생각은 논어의 다음과 같은 구절을 통해서 알 수 있습니다. 어느 날 자로(子路)가 귀신을 섬기는 것에 관해서 묻자, 공자는 답합니다.

> 子曰: 未能事人, 焉能事鬼?
>
> -『論語·先進篇』

> 사람도 제대로 섬기지 못하는데 어찌 귀신을 섬길 수 있겠느냐?

자로(子路)가 다시 죽음에 관해서 묻자, 공자는 다음과 같이 답합니다.

> 子曰: 未知生, 焉知死?
>
> -『論語·先進篇』

삶도 모르는데 어찌 죽음을 알겠느냐?

공자는 새와 짐승과 함께 어울려 살아갈 수 없으니 내가 이 세상 사람들과 함께하지 않고 누구와 함께하겠는가, 그리고 인생을 알고 인간을 섬기는 것보다 더 절실한 것은 없다고 말합니다.

공자에 대한 두 번째 평가는 위대한 교육자라는 것입니다. 그는 형편과 관계없이 배움을 청할 수 있게 하고, 또 누구에게나 가르침을 베풀며, 열린 태도를 가지고 많은 사람에게 자신의 사상을 전하고자 하였습니다.

공자의 핵심 사상이라고 이야기하는 '인(仁)'의 개념과 내용을 살펴보겠습니다.

춘추전국시대 공자는 인간이 마땅히 가야 하는 길에 관해서 이야기합니다. 이때 그가 제시한 것이 '인(仁)'이라는 개념입니다.

논어의 이인(里仁) 편에서 다음과 같은 구절을 볼 수 있습니다.

> 子曰: 富與貴, 是人之所欲也;不以其道得之, 不處也。貧與
> 賤, 是人之所惡也; 不以其道得之, 不去也。君子去仁, 惡乎成
> 名? 君子無終食之間違仁, 造次必於是, 顛沛必於是。
>
> ─ 『論語·里仁篇』

동양철학의 이해

부유함과 귀함은 사람이 바라는 것이나 올바른 도(道: 방법)로써 얻은 것이 아니라면 거기에서 머물지 않으며, 가난함과 천함은 사람이 싫어하는 것이나 정당한 도(道: 방법)로써 벗어난 것이 아니라면 거기에서 떠나지 않아야 한다. 군자가 인을 저버리고 어찌 군자로서의 명성을 이루겠는가? 군자는 밥을 먹는 그 짧은 순간에도 인을 어기지 말아야 하며, 아무리 급한 상황에서도 반드시 인을 따르고, 위태로운 순간일지라도 항상 인과 함께 해야 한다.

도(道)는 중국 철학에서 자주 언급되는 철학 범주로 길, 방법, 절대적 준칙 등 다양한 의미를 지닙니다. 그리고 공자가 말하는 도(道)는 곧 인(仁)입니다. 인(仁)은 사람이 마땅히 가야 하는 길이며 따라야 하는 준칙입니다. 다르게 표현하면 인(仁)은 사람다운 것이라 할 수 있습니다. 논어에서 인(仁)은 100여 차례 나타날 만큼 중요시되고 있습니다. 하지만 다소 이해하기 어려운 점은 상황에 따라 의미가 달라지기 때문입니다. 다음 논어의 구절들을 살펴보겠습니다.

子曰: 仁者先難而後獲, 可謂仁矣。

- 『論語·雍也篇』

인자(仁者: 어진 사람)는 어려운 일을 먼저 하고 난 뒤에 공을 얻으니, 그래야 어질다 할 수 있다.

子曰: 克己復禮為仁。一日克己復禮, 天下歸仁焉。為仁由己, 而由人乎哉?

－『論語·顏淵篇』

자기를 절제하여 예(禮)를 따르는 것이 바로 인이다. 이렇게 한다면 천하의 모든 것이 인(仁)에 귀의하게 된다. 인(仁)을 행함은 자신에게 달린 것이지, 어찌 남에게 달려있다 하겠는가?

子曰: 出門如見大賓, 使民如承大祭。己所不欲, 勿施於人。在邦無怨, 在家無怨。

－『論語·顏淵篇』

집 밖에 나와서 만나는 모든 이를 큰 손님을 대하듯 하고, 사람을 부릴 때는 큰 제사를 받들 듯이 하며, 자기가 바라지 않는 일은 남에게도 베풀지 말아야 한다. 그러면 나라에서도 원망이 없고, 집안에서도 원망이 없을 것이다.

동양철학의 이해

子曰: 能行五者於天下, 爲仁矣。 恭、寬、信、敏、惠。

恭則不侮, 寬則得衆, 信則人任焉, 敏則有功, 惠則足以使人。

-『論語·陽貨篇』

다섯 가지를 세상 어느 곳에서도 실행할 수 있다면 어진 사람이다. 공손, 관대, 믿음, 민첩, 은혜. 공손하면 모욕당하지 않고, 관대하면 대중의 지지를 얻고, 미더우면 사람들이 그에게 일을 맡기고, 민첩하면 공을 세울 수 있으며, 은혜를 베풀면 사람을 부릴 수 있다.

樊遲問仁, 子曰愛人。

-『論語·顏淵篇』

번지가 인(仁)에 대해 여쭙자, 공자께서는 사람을 사랑하는 것이라고 말씀하셨다.

이처럼 논어에서는 인(仁)에 대해 다양하게 해석하고 있습니다. 그렇다면 우리는 인(仁)을 어떻게 이해해야 할까요? 인(仁)은 사람을 사랑하는 것이고, 다른 사람을 사랑하기 때문에 극기(克己), 즉 자기의 감정이나 욕심, 충동 따위를 절제하여 예(禮)를 다하고 타인을 배려하게 됩니다. 그리고 이것을 인(仁)을 실천했다고 이야기합니다. 그 때문에 인(仁)은 예절의 내용이 되고, 예(禮)는 인(仁)의 외형적 형식이 됩니다. 즉 인(仁)은 '배려'로 대치할 수 있습니다.

공자는 인(仁)을 실천하는 방법으로 충(忠)과 서(恕)를 이야기합니다.

曾子曰: 夫子之道, 忠恕而已矣。

- 『論語·里仁篇』

선생님(공자)의 도(道)는 충서(忠恕)일 뿐이다.

위의 구절에서처럼 논어에는 아주 짧지만, 함축적으로 나타내는 표현들이 많이 있습니다. 이 구절에서 서(恕)라는 글자는 파자(破字)를 해보면 같을 여(如)와 마음심(心)이 합쳐진 글자입니다. 그리고 이것을 풀이하면 다른 사람의 마음과 같이하는 것입니다. 그래서 배려는 일방적인 것이 아닙니다. 자기의 마음을 미루어 남의 마음을 헤아리는 것으로 용서와 남의 처지를 잘 살펴서 배려하는 것입니다. 앞서 제시한 논어의 구절 가운데에도 "己所不欲, 勿施于人。"(『论语·颜渊篇』), 즉 자신이 바라지 않는 일은 남에게도 권하지 말아야 한다는 말과 일맥상통합니다.

쉬운 예로 아이가 밖에서 놀다가 집으로 돌아왔습니다. 배가 고프다는 아이를 배려해서 라면 세 개를 끓여줍니다. 그렇지만 아이가 다 먹을 수 없는 많은 양을 준다면 아이는 이것을 배려라고 생각하지 않습니다. 과한 배려인 것입니다. 가장 좋은 것은 아이가 돌아왔을 때, 무엇을 먹고 싶은지 물어보고 아이가 먹을 만큼 해주는 겁니다. 그러니까 상대방의 처지를 먼저 생각하고 그 사람이 진짜 원하는 것을 해주는 것이 배려라는 것을 전제로 하고 있습니다. 그리고 이때 자기가 바라지 않는 일을 남에게도 하지 않아야 한다는 것이 하나의 실천 강령이 됩니다.

여러분도 한번 생각해 보시기 바랍니다. 나는 평소에 배려를 참 잘하는 사람이라고 생각하신다면 배려를 할 때, 이러한 부분들을 고려하고 배려를 하는 것인지 말입니다.

그렇다면 충서(忠恕)에서 충(忠)은 무엇일까요? 우선 충(忠)이라는 글자를 파자(破字)해 보면 가운데 중(中)과 마음심(心)이 합쳐진 글자입니다. 또 중(中)은 동사로 부합하다, 맞다, 적중시키다 등의 의미를 가집니다. 이 말은 곧 다른 사람의 마음에 딱 들어맞게 행동하는 것입니다. 그러므로 충서(忠恕)는 인(仁)을 실현하는 방법이 되는 것입니다.

아래 논어의 또 다른 구절을 통해서 인(仁)을 자세히 살펴볼 수 있습니다.

己欲立而立人, 己欲達而達人。

-『論語·雍也篇』

자기가 서고자 할 때는 남을 세우고, 자기가 성공하고자
할 때는 남을 성공하게 한다.

이처럼 가까이에 있는 자기 자신을 비추어 보아 남을 이해할
수 있다면 이것이 인(仁)을 행하는 방법이라고 이야기합니다. 『대
학(大學)』에서는 이와 유사한 의미의 '혈구지도(絜矩之道)'라는 말
이 있는데, 이 또한 자기의 처지를 미루어 남의 처지를 헤아리는
것을 이야기합니다. 다음은 이 '혈구지도'가 포함된 구절입니다.

所惡於上, 毋以使下, 所惡於下, 毋以事上; 所惡於前, 毋以
先後; 所惡於後, 毋以從前; 所惡於右, 毋以交於左; 所惡於左,
毋以交於右; 此之謂絜矩之道。

-『大學』

동양철학의 이해

윗사람에게 싫었던 것으로써 아랫사람을 부리지 말며, 아랫사람에게 싫었던 것으로써 윗사람을 섬기지 말며, 앞사람에게서 싫었던 것으로써 뒷사람을 선도하지 말며, 뒷사람에게 싫었던 것으로써 앞사람을 따르지 말며, 오른쪽 사람에게서 싫었던 것으로써 왼쪽 사람에게 넘기지 말며, 왼쪽 사람에게서 싫었던 것으로써 오른쪽 사람에게 넘기지 말라. 이것을 혈구지도(絜矩之道)라 일컫는다.

忠恕違道不遠, 施諸己而不願, 亦勿施於人。

- 『中庸 第13章』

충서(忠恕)는 멀지 않으니 자기에게 그것을 베풀어서 원치 않는 것을 나도 남에게 베풀지 말아야 할 것이니라.

만약 우리가 '혈구지도(絜矩之道)'를 이해하고 있고, 그것을 실천한다면 최소한 군대 선임병의 폭력이라든가 또는 가스라이팅 같은 많은 사회적 문제를 해결할 수 있을 것입니다. 혈구지도가 자기를 비추어 남을 헤아리는 소극적인 방법이라면 중용(中庸)은 보다 적극적으로 남을 배려하는 방법입니다.

君子之道四, 丘未能一焉: 所求乎子, 以事父, 未能也; 所求
乎臣, 以事君, 未能也; 所求乎弟, 以事兄, 未能也; 所求乎朋友,
先施之, 未能。 ……

－『中庸 第13章』

군자의 도가 네 가지가 있는데 나는 그 가운데 한 가지도
능하지 못하다. 자식에게 바라는 것으로써 부모를 섬겨야
하나 아직 능하지 못하고, 신하에게 바라는 것으로써 군주
를 섬겨야 하나 아직 능하지 못하며, 아우에게 바라는 것으
로써 형을 섬겨야 하나 아직 능하지 못하고, 벗에게 바라는
것을 내가 먼저 베풀어야 하나 아직 능하지 못하다.

요즘 학생들을 상담하다 보면 관계 형성을 어려워하는 경우가
많습니다. 더군다나 코로나 시기를 지나온 아이들은 더욱 그러한
경향을 보입니다. 또 개인주의적인 양상이 많아지면서 심지어 사
람 만나는 것을 두려워하는 친구들도 많이 보게 됩니다. 사람과의
관계 형성에 있어서 가장 좋은 방법은 배려입니다. 그리고 배려는
앞서 말한 중용(中庸)과 혈구지도(絜矩之道)의 두 가지 방법으로 실
천할 수 있습니다. 공자는 인(仁)을 실천하는 주체가 자신임을 강
조하며, 다음과 같이 이야기합니다.

동양철학의 이해

子曰: 仁遠乎哉? 我欲仁, 斯仁至矣。

- 『論語·述而篇』

인(仁)이 멀리 있겠는가? 내가 인(仁)을 하고자 하면 곧 인
(仁)에 이르게 될 것이다.

자신 스스로가 인(仁)을 하고자 하면 곧 인(仁)에 이르게 된다는
것은 결국 인(仁)을 실천하는 주체가 바로 자기 자신이라는 이야
기입니다. 즉 자기 자신의 의지로 남을 배려하는 것이 공자가 전
하고자 했던 인간관계의 가장 기본적인 내용일 것입니다.

우리는 종종 남을 배려하는 것에 있어 누구를 먼저 배려할 것
인가라는 문제에 봉착하게 됩니다. 공자는 "군자가 가까운 이에게
돈독히 하면 백성들 사이에 의(仁)한 기풍이 일어난다"[6]라고 하여
자기와 가까운 이로부터 베풀어야 한다고 이야기합니다. 문장 가
운데 친(親)이라는 표현이 있는 것처럼 마땅히 가깝게 지내야 할
친한 사람과 더 가까이한다는 뜻입니다. 즉 유가는 차등적 사랑을
이야기하고 있습니다. 사실상 자신의 부모님과 주변 어르신을 똑

---

6   君子篤於親, 則民興於仁。『論語·泰伯篇』

같이 챙긴다는 것이 쉽지 않을 것입니다. 그래서 유가는 매우 현실적으로 보입니다.

그렇다면 인(仁)은 어디에서부터 실천해야 할까요? 공자의 제자인 유약(有若)은 인(仁)을 실천하는 근본을 효제(孝悌)라고 합니다.

> 有子曰: 君子務本, 本立而道生。 孝弟也者, 其爲仁之本與。
>
> ─ 『論語·學而篇』

군자는 근본에 힘을 써야 할 것이니, 근본이 서야 도(道)가 생겨날 것이다. 효제는 인을 실천하는 근본이다.

효(孝)는 어진 마음씨와 태도로 부모를 섬기는 도덕이고, 효제(孝悌)는 어진 마음씨와 태도로 형과 어른을 섬기는 도덕입니다. 인(仁)의 실천은 효심의 확충이라고 이야기합니다. 앞서 인(仁)은 가까운 사람에게서부터 실천한다고 했다면 우리에게 가장 가깝고 친한 사람은 가족입니다. 그리고 가족 가운데 가장 중요한 사람은 나를 이 세상에 있게 해준 부모님입니다. 그래서 부모님을 가장 먼저 배려하는 것이 인(仁)의 근본이 되게 됩니다.

"안에서 새는 바가지 밖에서도 샌다"라는 우리의 속담이 있습니다. 자신의 부모에게 배려를 실천하지 못하는 사람이 어떻게 사회에 나와 다른 사람을 배려하고 성공할 수 있을까요? 공자에 의하면 인간관계는 효(孝)를 바탕으로 하며, 인(仁)의 실천은 효심을 확충하는 과정이라 할 수 있습니다. 부모와 형제에게 배려하는 마음을 확대해 나가는 것이 곧 인(仁)의 실천입니다. 효(孝)에는 어떠한 내용들이 포함되어 있을까요? 효(孝)의 내용은 친친(親親), 경장(敬長), 보본(報本), 반시(反始)의 네 가지로 이야기할 수 있습니다. 친친(親親)은 가깝게 지내야 할 친한 사람과 더 가까이한다는 뜻이고, 경장(敬長)은 어른을 공경하고 존경하는 마음 그리고 보본(報本)은 조상의 은혜에 보답하는 것이며, 반시(反始)는 자기 생명의 시원(始原)을 찾는 것을 말합니다.

정리하면 유가에서는 인(仁)을 중시하고, 인(仁)의 근본은 효(孝)이며, 이 효(孝)는 친친(親親), 경장(敬長), 보본(報本), 반시(反始)의 내용을 포함하고 있습니다. 이러한 내용은 현재 일반 사회교육 기관에서는 거의 찾아보기 어렵지만, 옛날에는 자주 접했던 내용이었을 겁니다. 다만 세상이 변화를 따라 효를 중시하는 유가적 가치관 역시 변화되었습니다.

논어에서 이야기하는 효(孝)의 실천에는 두 가지 특징이 있습니다. 첫째는 부모의 육신을 봉양하는 것보다 부모의 뜻을 공경하는 것이 더 중요하다는 것입니다. 동물도 그 부모를 부양함이 있을 수 있는데, 사람의 효는 단지 부양하는 것만이 아닌 공경심이 있어야 한다는 것을 의미합니다. 둘째는 부모에게도 잘못이 있다면 말해야 한다는 것입니다. 공자는 "부모에게는 부드럽게 아뢰고, 설령 부모의 뜻이 자신의 말을 들어주지 않더라도 또한 부모를 어기지 않고 공경해야 하며, 근심은 하더라도 원망하지는 말 것이다."라고 이야기합니다.

공자는 인의 실천을 위한 공부 방법으로 극기복례(克己復禮)를 이야기합니다. 극기복례는 사람들의 기질과 습성을 변화시키기 위한 공부 방법입니다. 이와 관련하여 논어에서는 다음과 같이 설명합니다.

子曰: 克己復禮為仁。一日克己復禮, 天下歸仁焉。為仁由己, 而由人乎哉。 顏淵曰: 請問其目。子曰: 非禮勿視, 非禮勿聽, 非禮勿言, 非禮勿動。
- 『論語·顏淵篇』

자기를 이겨 예(禮)로 돌아가야 비로소 인(仁)하게 될 수 있다, 하루라도 자기를 이겨 예(禮)로 돌아가면 세상 사람들이 모두 인(仁)으로 귀의하게 될 것이다. 인(仁)을 실천하는 것이 자기에게 달렸지. 남에게 달려있겠는가, (안연이 그 조목을 여쭈자) 예(禮)가 아니면 보지 않고, 예(禮)가 아니면 듣지 않고, 예(禮)가 아니면 말하지 않으며, 예(禮)가 아니면 행하지 않는다.

이 말의 핵심은 자기의 욕망을 이기면 남을 배려할 수 있다는 것입니다. 우리가 남을 배려해야 하는 때에 머뭇거린다면 아마도 그것은 바로 자신의 욕망이 걸림돌이 되기 때문일 것입니다. 예(禮)는 유가(儒家)에서 이야기하는 중요한 철학 범주 중의 하나입니다. 예는 천리(天理)에 근거한 것으로 사람들의 행동 표준이 되기 때문에 인간은 인(仁)을 따라야 하고, 예의를 지켜야 합니다. 예(禮)에 따라 보고, 듣고, 말하며, 행동하기를 반복하고 자기 자신의 사(私)를 이겨 공평무사(公平無私)한 자연의 이치를 따르게 된다면 하늘처럼 위대한 인간이 될 수 있다는 것이 공자의 주장입니다. 공자는 효제(孝悌)와 충서(忠恕)를 바탕으로 인(仁)을 실천하여 이상적인 인격을 갖춘 이상적 인간상을 군자(君子)라고 칭합니다.

논어에서 공자는 인생 시기에 따른 가르침을 주고 있습니다.

子曰: 吾十有五而志於學, 三十而立, 四十而不惑, 五十而知
天命, 六十而耳順, 七十而從心所欲, 不踰矩。

-『論語·爲政篇』

　　열다섯에 학문에 뜻을 두었고, 서른에는 자신의 뚜렷한
입장을 세웠으며, 마흔에는 세상일에 미혹되지 않았고, 쉰에
는 천명을 알았다. 예순에는 귀에 거슬림이 없었고, 일흔에는
마음이 가는 대로 행하여도 법도를 벗어나지 않게 되었다.

　　보통 사람들은 각자 자신의 나이를 바탕으로 해석하게 되는데,
한 글자로 집약하면 바로 인(仁)입니다. 인(仁)을 바탕으로 위의 구
절을 다시 살펴보면 15살에 학문의 뜻을 두었다는 것은 공부의 목
적이 인(仁)을 배우고 실천하는 것에 있었다는 것입니다. 공자에
게 있어서는 바로 인(仁)에 뜻을 두었다는 뜻이 됩니다.

　　서른에 자신의 뚜렷한 입장을 세웠다는 것은 남과 나의 관계에
있어서 인(仁)을 실천하는 방법을 명확하게 인식했다는 것입니다.
그리고 마흔에는 세상일에 미혹되지 않았다고 한 것은 자신의 욕
망에 미혹되지 않았다는 것입니다. 쉰에는 천명을 알았다, 즉 사
람이 왜 그렇게 살아야 하는지, 인(仁)을 실천해야 하는지를 깨달

았다는 의미이고, 예순에는 귀에 거슬림이 없어져 천명에 따르고 있었으며, 그리하여 일흔에 이르러서는 마음이 가는 대로 행동하고 내가 욕망을 따르고 있다고 생각했는데도 그것이 법도를 벗어나지 않게 되었다는 것입니다. 이러한 경지는 이미 몸에 배어서 자기 것이 된 상태입니다. 나의 삶이 인(仁)과 하나가 된 것입니다. 공자는 50에서 60에 천명을 알고 거기에 순종하였고, 인(仁)이라는 도덕적 가치와 하늘의 뜻을 명확하게 인지하고 있었다고 이야기할 수 있습니다.

공자의 인(仁) 사상이 사회로 확장된 것이 그의 정치사상인 정명사상(正名思想)입니다. 공자는 사회가 어지러운 이유가 명(名)이 바르지 않아서라고 설명합니다, 즉 이름이 올바르지 않다는 것입니다. 이것은 단순히 사람의 이름이 올바르지 않다는 의미가 아니라 명(名)과 실(實)이 부합하지 않는 것을 의미합니다. 군신(君臣)이 각자 명칭에 어울리게 행동한다면 훌륭한 통치가 이루어질 수 있습니다. 다시 말해 임금은 임금답고 신하는 신하다워야 하며, 부모는 부모답고 자식은 자식다워야 한다는 것입니다. 이처럼 각자 자기가 맡은 직분에서 자기가 해야 할 일을 할 때, 이 사회가 조화롭게 발전할 수 있다고 생각한 것이 바로 공자의 정명사상(正名思想)입니다.

사람들이 인(仁)을 행동의 준칙으로 삼고, 정명(正名)을 통해 사회가 올바른 방향으로 나아가는 것, 그것은 바로 공자가 꿈꾸었던 대동(大同)세계입니다. 공자는 이러한 세상을 만들기 위해서는 먼저 천하에 능력 있는 사람을 뽑아서 나라를 다스리게 하고, 사람들은 신의를 바탕으로 서로 화목하고, 나의 부모만을 부모로 여기지 않고, 나의 자식만을 자식으로 생각하지 않으며, 노인은 천수를 다하고, 젊은이는 일자리를 얻고, 과부, 고아, 병자는 버림을 받는 일이 없고, 재물은 혼자만 차지하지 않고, 도둑이 없어져 문을 잠그지 않아도 되는 사회가 되어야 한다고 이야기합니다.

맹자, 인간의 본성과 마음(心)

맹자의 철학적 주제는 인간의 본성입니다. 인간의 본성이 중요한 이유는 현재 우리가 살아가고 있는 사회에서 나타나는 다양한 현상들과 사회 문제들이 모두 이것과 연관되기 때문입니다. 예를 들어 자식이 부모를 해치는 패륜을 저지른다거나 사람에게 사기를 치는 사기꾼이 생기는 것 등 사회에는 복잡하고 다양한 일들이 많이 일어납니다. 서로의 생활에 직접적인 영향을 미치는 그러한

동양철학의 이해

일들에 대해 근본적인 물음을 해 나아가다 보면 그 바탕에는 인간 본성의 문제가 자리 잡고 있습니다. 이 본성을 어떻게 이해하느냐에 따라 우리 사회의 모습과 방향이 바뀌게 됩니다.

맹자는 기원전 372년 공자가 세상을 떠나고, 약 100년 정도 뒤에 나타난 사상가입니다. 맹자의 이름은 가(軻)이고, 노(魯)나라 맹손의 후손으로 추(鄒)라는 곳에서 태어났습니다. 공자의 손자인 자사(子思)에게 배웠다고 전해지며, 스스로 공자를 사숙(私淑)[7]했다고 이야기합니다. 맹자는 공자의 인(仁) 사상을 계승했으며 의(義)의 개념을 이야기합니다.

맹자의 '맹모삼천지교(孟母三遷之敎)'와 '맹모단기지교(孟母斷機之敎)'의 일화는 매우 유명합니다. 앞의 고사는 맹자의 어머니가 맹자의 교육을 위해 묘지 근처에서 시장으로 그리고 다시 서당 근처로 세 번 집을 옮겼다는 이야기이고, 뒤의 고사는 맹자가 학업을 중단하고 돌아왔을 때, 그의 어머니가 짜던 베를 잘라서 학문을 중도에 그만둔 것을 훈계한 이야기입니다.

맹자는 제(齊)나라의 직하학궁(稷下學宮)에서 활동한 학자입니

---

7 직접 가르침을 받지는 않았으나 마음속으로 그 사람을 본받아서 도나 학문을 닦음. (『표준국어대사전』)

다. 당시 제나라의 왕들은 학술을 좋아해 수도(首都)의 서쪽 문밖에 직하학궁(稷下學宮)을 짓고, 그곳의 학자들을 '대부(大夫)'[8]로 봉하여, 그들을 존경하고 아껴주었습니다. 맹자는 학문을 이룬 후 천하를 다스리고자 양(梁)나라 혜왕(惠王)과 제(齊)나라 선왕(宣王)을 찾아갑니다. 하지만 그들에게 등용되지 못하고 공자처럼 자신의 사상을 세상에 알리기 위해 천하를 주유(周遊)합니다. 기록에 따르면 이때 맹자를 따르는 수레가 수십이었고, 따르는 사람도 수백 명이었다고 합니다.

『맹자(孟子)』를 읽어보면 맹자는 공자와 매우 다른 인품을 가졌다는 것을 알 수 있습니다. 내용 가운데에는 맹자의 제자가 맹자를 비꼬기도 하고 그것에 대해 맹자가 받아치는 모습 등을 발견할 수 있습니다. 맹자는 어떤 면에서는 냉소적이고, 또 어떤 면에서는 굉장히 고집스러운 면모를 보입니다. 또한 맹자는 자기 자신에 대한 자부심이 매우 강한 사람이었습니다. 맹자는 말합니다.

如欲平治天下, 當今之世, 舍我其誰也?

-『孟子』

---

8   중국에서 벼슬아치를 세 등급으로 나눈 품계의 하나.(위의 사전)

동양철학의 이해

천하를 태평성대로 만들고자 한다면 당대의 나를 제쳐놓고 그 누가 될 수 있으리오.

맹자는 세상을 20년 동안 주유(周遊)하며 인의(仁義)를 널리 알리고 왕도(王道)를 주장했지만, 침략과 정벌에 몰두하던 군주들에게 그의 주장은 배척당하게 됩니다. 맹자는 끝내 포부를 실현하지 못하고 돌아와 제자들을 교육했으며 제자들과 함께 『맹자(孟子)』 7편을 지었고, 84세의 나이로 운명합니다.

맹자가 중요시한 것은 인간의 본성에 대한 이해입니다. 사실 인간의 본성 문제는 매우 복잡해서 몇 마디의 말로 설명하기 어렵습니다. 그럼에도 유가(儒家)에서는 기본적으로 인간의 본성은 선하다고 이야기합니다. '인간의 본성은 선하다.'라는 주장은 맹자로부터 시작되었다고 할 수 있습니다. 맹자가 공자를 계승했다고 말하지만, 사실 공자는 성(性)에 대해 많은 이야기를 하지 않았습니다. 논어에서 성(性)에 대한 언급은 다음과 같습니다.

子曰: 性相近也, 習相遠也。唯上智與下愚不移。

- 『論語·陽貨』

성(性)은 서로 비슷하지만, 습(習)에 의해 서로 멀어진다.

상지(上智)와 하우(下愚)[9]만이 변하지 않는다.

　논어에서는 본래 일반인들의 성품은 비슷하며 처음에는 선과 악의 구별이 없지만, 후천적인 습관에 의해서 점차 선과 악으로 갈라진다고 설명합니다. 하지만 맹자는 공자의 인(仁)을 인간의 내적 본성으로 규정함으로써 인간의 본성이 선함을 주장합니다. 맹자에게 있어 인간의 본성이 선하다는 것은 인간이 도덕 주체로서 동물과 구별되는 근거이며 인간 도덕 행위의 내적 원천입니다.[10] 이 때문에 인간은 도덕 주체로서 자율적으로 도덕을 실천하게 됩니다. 하지만 일반적으로 현실 속의 인간이 자율적으로 도덕적 행위를 하는 경우는 그리 많아 보이지 않습니다. 맹자는 비록 인간이 선하지 않은 행위를 한다고 해서 인간 본성이 악하다고 할 수는 없다고 생각합니다. 맹자는 이를 우산(牛山)의 비유를 통

9　상지(上智) : 태어날 때부터 자질이 우수하고 총명한 사람. 하우(下愚)의 반대 개념으로 쓰임.

　　하우(下愚) : 아주 어리석고 못남. 또는 그런 사람. (『한국고전용어사전』)

10　人之所以異於禽獸者幾希, 庶民去之, 君子存之.『孟子·離婁下』 인간과 동물은 생물학적 의미에서 크게 차이가 보이지 않는다. 동물과 인간의 차이는 도덕적 가치에서 발견된다.

　　　　　　　　　　　동양철학의 이해

해 설명합니다.

　　孟子曰牛山之嘗美矣, 以其郊於大國也, 斧斤伐之, 可以爲
　美乎? 是其日夜之所息, 雨露之所潤, 非無萌蘖之生焉, 牛羊又
　從而牧之, 是以若彼濯濯也。人見其濯濯也, 以爲未嘗有材焉,
　此豈山之性也哉?

　　　　　　　　　　　　　　　　　　　　　　　　　　-『孟子·告子上』

　　우산(牛山)의 나무가 일찍이 아름다웠는데, 대국의 교외
이기 때문에 도끼로 매일 나무를 베어 가니, 아름답게 될 수
있겠는가? 이는 낮과 밤이 길러주는 것과 비와 이슬이 적셔
주는 것에 의해서 싹이 나는 경우가 없는 것은 아니지만, 소
와 양이 또 따라서 방목되므로, 이 때문에 저와 같이 (초목이
없어) 민둥민둥하게 되었다. 사람들은 그 민둥민둥한 것만을
보고는 일찍이 훌륭한 재목이 있었던 적이 없다고 여기니,
이것이 어찌 산의 본성이겠는가!

　맹자의 본성에 관한 논설 가운데 가장 유명한 것은 고자의 성
무선악설과의 논쟁입니다.

　고자(告子)는 성(性) 자체에는 선(善)도 없고, 불선(不善), 즉 악

(惡)도 없으며 인도하는 방향에 따라 본성의 선악이 바뀌게 된다고 주장합니다. 이에 대해 맹자는 "버들가지의 본성을 그대로 살려서 버드나무 그릇을 만들 수 있느냐?"라는 말을 통해 고자의 주장을 비판합니다. 맹자는 말합니다. "자네는 버드나무의 성품을 그대로 살려서 술잔을 만드는가? 버드나무를 무리하게 구부려서 술잔을 만든다면 또한 사람을 해쳐서 인(仁)과 의(義)를 행하게 하는가? 천하의 사람들을 거느려서 인과 의를 화(禍)로 삼는 것은 반드시 자네의 말밖에는 없을 것이다."

버드나무 그릇을 만들려면 일단 가공해야 하는데, 버들가지에 무리를 가해 버드나무 그릇을 만드는 것은 억지로 본성을 바꾸는 것이라는 의미입니다.

고자는 다시 물의 비유를 통해 본성에 관해 이야기합니다. "성(性)은 소용돌이치며 급하게 흐르는 물과 같다. 그것을 동쪽으로 터놓으면 동쪽으로 흐르고 서쪽으로 터놓으면 서쪽으로 흐르니, 인성에 선과 불선의 구분이 없는 것은 마치 물에 동과 서의 구분이 없는 것과 같다." 고자의 이러한 주장에 대해 맹자는 "물은 동쪽과 서쪽에 구분은 없지만, 위와 아래도 구분이 없겠는가. 사람의 본성이 선한 것은 물이 아래쪽으로 흐르는 것과 같다. 사람은 선하지 않음이 없고, 물은 아래로 흐르지 않음이 없다. 물을 쳐서

튀어 오르게 하면 이마보다 높게 넘어가게 할 수 있겠지만 이것이 어찌 물의 본성이라고 할 수 있는가?"라고 반문하며 이러한 것은 모두 외부의 힘으로 그렇게 되는 것이라 지적합니다.

사실 맹자는 성(性)의 속성에는 선하지도 혹은 악하지도 않은 성향도 있으며, 그러한 성향을 알맞게 조절하지 않으면 악으로 흘러갈 수 있다는 사실을 인정하고 있습니다. 하지만 그러한 부분은 인간의 본성이라고 볼 수 없다는 것이 맹자의 입장입니다.

보통 많은 사람들이 인성론을 이야기할 때, 맹자는 성선설, 순자는 성악설로 대비시켜 설명합니다. 하지만 엄밀히 보면 서로 대조가 되지 않습니다. 왜냐하면 순자는 식색(食色)[11]도 성(性)으로 보지만, 맹자는 사람의 마음속 식색이 온전한 인간의 성(性)이 아니라고 생각하기 때문입니다. 맹자는 식색을 인성의 동물적인 측면으로 생각하며 인간의 본성의 범주에서 배제 시킵니다. 즉 상호 비교하는 범주가 다른 것입니다. 맹자는 이와 같은 성(性)에 대한 이해를 바탕으로 금수와 구별되는 인간의 행위를 유인의행(由仁義行)과 행인의(行仁義)를 통해 설명합니다. 유인의행(由仁義行)은 자기의 본질적인 성향에 따라 행위를 하는 것으로 도덕적 행위입

---

11   식욕과 색욕을 아울러 이르는 말. 또는 식욕과 색욕의 대상.(『표준국어대사전』)

니다. 행인의(行仁義)는 자기 밖에 있는 외재적 규범인 인(仁)의 도덕을 행하는 것으로 맹자는 이것을 도덕적 행위라 생각하지 않습니다.

버스나 지하철 안에서 학생이 자리를 양보하는 경우를 통해 맹자가 생각하는 선한 행위에 대해 살펴보겠습니다. 어르신이 크고 무거운 짐을 들고 학생 앞에 서 계실 때, 학생은 어르신이 너무나 힘들어 보여서 본인이 자연스럽게 마음이 움직여 자리를 양보할 수 있습니다. 또는 어르신이 계시면 자리를 양보해 드리라고 학교에서 배웠기 때문에 그것이 생각나서 양보할 수도 있습니다. 혹은 다른 사람들의 시선이 신경이 쓰여서 양보할 수도 있습니다. 학교에서 배워서 혹은 다른 사람의 시선이 신경이 쓰여서 양보하는 것은 외재적 규범에 따라 인(仁)의 도덕을 행하는 것이며, 맹자의 입장에서는 이러한 것은 도덕적인 행위가 될 수 없습니다. 인간의 선한 본성을 바탕으로 자연스럽게 그 행위로 이어지는 것만이 진정한 도덕적 행위로 인정받을 수 있습니다.

그렇다면 인간이 가지고 있는 그 선한 본성은 무엇일까요? 맹자는 그것을 불인지심(不忍之心)이라고 이야기합니다. 불인지심은 '어떤 일을 차마 하지 못하는 마음'입니다. 맹자는 불인지심이 사람과 금수의 가장 바탕이 되는 차이라고 생각하며 이것을 인간이 선하다는 근거로 제시합니다. 맹자가 이야기하는 성선의 근거가 바로 불인지심인 것입니다. 어린아이가 물에 빠지는 것을 봤을 때, 남의 고통과 불행을 차마 그냥 지나치지 못하는 착한 마음씨와 같은 것을 불인지심이라고 이야기합니다. 그리고 어린아이가 물에 빠지는 것을 봤을 때, 사람들은 다른 이에게 칭찬받기 위해서 또는 어떠한 보답을 받기 위해서 아이를 구하는 것이 아니라, 불인지심이 자연히 발동해서 아이를 구하는 것으로 생각하는 것이 맹자의 논리입니다.

맹자에 의하면 인간에게는 불인지심(不忍之心)을 바탕으로 한 사단지심(四端之心), 즉 측은(惻隱), 수오(羞惡), 사양(辭讓), 시비(是非)의 네 가지 마음이 있습니다. 측은은 불쌍히 여기는 마음, 수오는 옳지 못함을 부끄러워하는 마음, 사양은 겸손하여 받지 아니하거나 응하지 않는 마음 그리고 시비는 옳고 그름을 판단할 수 있는 마음으로 『맹자(孟子)』의 내용에서도 잘 나타납니다.

> 孟子曰: 無惻隱之心, 非人也; 無羞惡之心, 非人也; 無辭讓
> 之心, 非人也; 無是非之心, 非人也。惻隱之心, 仁之端也; 羞惡
> 之心, 義之端也; 辭讓之心, 禮之端也; 是非之心, 智之端也。
>
> -『孟子·公孙丑上』

측은한 마음이 없으면 사람이 아니며, 자기의 옳지 못함을 부끄러워하고 남의 옳지 못함을 미워하는 마음이 없으면 사람이 아니며, 사양하는 마음이 없으면 사람이 아니며, 옳고 그름을 따지는 마음이 없으면 사람이 아니니라. 측은(惻隱)한 마음은 인(仁)의 단서요. 수오(羞惡)하는 마음은 의(義)의 단서요. 사양(辭讓)하는 마음은 예(禮)의 단서요. 시비(是非)하는 마음은 지(智)의 단서이다.

맹자는 위와 같이 측은하게 여기는 마음(惻隱之心), 부끄러워하고 미워하는 마음(羞惡之心), 사양하는 마음(辭讓之心), 옳고 그름을 가리는 마음(是非之心)은 누구에게나 다 있다고 보았으며, 이것들을 사단(四端), 성선을 발현하는 네 가지 단서라고 이야기합니다. 여기에서 단(端)은 일이나 사건을 풀어나갈 수 있는 첫머리의 의미인 단초(端初) 또는 풀이나 나무에 돋아나는 싹(새로운 일의 시초)을 의미하는 맹아(萌芽)의 의미입니다. 맹자는 다음과 같이 이야기합니다. "사람이 타고난 선한 본성은 완성된 형태로 있는 것이 아니고, 아주 어린 싹과도 같은 하나의 가능성이 있는 단서에 지나지 않는 것이다. 따라서 사람은 사단(四端)의 마음을 잘 간직하고 기르며, 확충해야만 진정한 의미의 사람이 될 수 있다." 맹자는 사

동양철학의 이해

람의 마음에 이 네 가지 단서가 있는 것은 몸에 팔다리 네 개가 있는 것과 같다고 말하며 인의예지(仁義禮智)의 사덕(四德)을 제시합니다. 그리고 사단(四端)의 마음을 잘 간직하고 기르며, 확충해야만 진정한 사람 즉 대인(大人)이 될 수 있다고 주장합니다.

인간이 누구나 이 같은 도덕 본성을 가지고 있다면 왜 모든 사람이 선한 행동을 하지 않을까요? 맹자는 인간이면 누구나 도덕 본성을 가지고 있다는 보편성에도 불구하고 개별적인 의지의 차이로 인해 행동의 차이가 나타난다고 생각합니다. 그는 인간의 의지를 강건성과 박약성으로 나누어 도덕 본성의 실천 여부를 의지의 문제로 설명합니다. 생각해 보면 인간의 의지는 매우 나약합니다. 새벽에 일어나서 책을 좀 봐야겠다고 생각하지만, 일찍 일어나지 못합니다. 눈을 떴다가도 다시 잠들거나, 작심삼일이 되어버리기도 합니다.

맹자는 제선왕과의 대화에서 "태산을 옆구리에 끼고서 북해를 뛰어 넘는 것을 '나는 할 수 없다'라고 한다면 이것은 진실로 할 수 없는 것이지만, 연장자를 위해 나뭇가지를 꺾는 것을 '나는 할 수 없다'라고 한다면 이것은 하지 않는 것이지 할 수 없는 것이 아닙니다." 라고 말하며, 도덕적 의지를 강조합니다.

따라서 우리가 도덕 본성에 의해 도덕적인 행위를 하는 것은 마음속에 있는 측은지심(惻隱之心), 수오지심(羞惡之心) 등의 사단지심(四端之心)이 발휘되어 행동으로 드러나게 되는 것이며 그것의 근본 바탕에는 우리의 의지가 자리 잡고 있습니다. 인간이 측은지심을 가지고 있지만, 그 행위를 하지 않는다고 해서 악한 것은 아니라 단지 인간의 의지가 박약한 것입니다.

이제 필연적으로 마주하게 되는 문제는 악에 대한 것입니다. 인간의 성(性)이 선하다면 모두가 다 도덕적으로 선한 행위를 하는 것이 논리적으로 맞는 것이지만, 인간은 완벽한 존재가 아니기 때문에 나무에서 돋아나는 싹과 같이 그 시초가 되는 단초(端初)의 마음을 잘 키워나가야 합니다.

맹자는 인류사회에서 흔히 볼 수 있는 악의 기원으로 환경과 내적 요인을 이야기합니다. 환경과 내적 요인은 인간의 도덕 의지에 직접적인 영향을 발휘합니다. 내적 요인인 이목(耳目)의 감각기관은 사유 능력이 없으며 맹목적으로 대상을 추구하는 경향이 있어 인간의 도덕 의지를 약화하고 외물에 끌려갈 수 있습니다. 맛있는 음식을 맛보았다면 다음에는 더 맛있는 것을 찾고, 좋은 음악을 들었다면 그 후에는 더 좋은 음악을 듣길 원하고, 향기 역시도 좋은 향을 찾게 되고, 나쁜 향기는 피하려고 합니다. 귀와 눈 같은 감각기관들은 생각할 줄 모르며 자제를 하지 못합니다. 외물에 가리어져서 자기의 감각적인 욕구가 그 욕구의 대상을 만나 서로 얽히게 되면 거기에 끌려갈 뿐입니다.

맹자는 자신의 강한 도덕 의지로 악을 극복하고 도덕적 실천을 하는 사람을 대인이라 부릅니다. 맹자는 인의예지(仁義禮智)와 같은 선성(善性)을 충실히 함양하고 선양(宣揚)하는 사람을 찬란한 빛이 나는 사람으로 설명합니다. 그리고 대덕(大德)을 성취하여 자유자재할 수 있는 이를 성인이라고 말합니다. 성인은 인의예지(仁義禮智)와 같은 선성(善性)을 자기에게 충실하게 할 뿐 아니라 다른 사람도 감화시킬 수 있는 사람입니다.

『논어』나 『맹자』에서 이야기하는 성인, 군자, 대인은 모두 유가에서 이야기하는 이상적인 사람들에 대한 호칭입니다. 성인(聖人)은 성왕(聖王)과 통하는 개념입니다. 그래서 유가에서 추구하는 내성(內省), 즉 자기 자신의 수양을 완성하고, 외왕(外王), 즉 바깥으로 왕 노릇을 해서 다른 사람들을 교화시킬 수 있는 사람을 성인(聖人)이라 합니다. 천하의 사람들을 교화시킬 수 있는 사람을 성인이라 하고, 주변의 사람을 교화시킬 수 있는 사람들을 군자라 부릅니다. 대인은 군자와 의미가 유사한데, 맹자가 인간의 도덕성을 강조하며 자주 언급한 개념입니다.

맹자는 대인과 소인을 구분하며 "그 대체를 따르는 사람은 대인이 되고, 그 소체를 따르는 사람은 소인이 된다."고 말합니다. 그가 말하는 소체는 귀와 눈과 같은 감각기관의 욕구를 가리키며 대체는 진정한 자아를 바탕으로 인(仁)으로써 마음을 함양하는 것을 말합니다. 맹자는 감각기관의 욕구 즉 소체가 이끄는 대로 끌려다니는 사람을 소인으로 여겼으며, 마음으로 예의를 생각하는 것, 그러니까 마음속에 진정한 단초(端初)를 생각하는 사람을 대인으로 구분하고 있습니다. 대체를 따른다는 것은 인(仁)과 의(義)을 가지고 마음을 함양하는 것을 말합니다. 맹자는 대인이 되어야 함을 강조하며 다음과 같이 말합니다. "몸에는 귀천이 있으며, 소대가 있다. 그래서 작은 것을 가지고 큰 것을 해치지 말며, 천한 것을 가지고 귀한 것을 해치지 말아야 한다. 작은 것을 기르는 사람은 소인이 되고, 큰 것을 기르는 사람은 대인이 된다."

맹자는 대인이 되는 방법으로 두 가지를 제시합니다.

첫째는 존심양성(存心養性)입니다. 이것은 인간이 타고난 불인지심(不忍之心)을 지키고 착한 본성을 키워야 한다는 것입니다.

두 번째는 욕심의 절제입니다. 욕심을 절제한다는 것은 소체를 절제하는 것입니다. 앞서도 말했듯이 맹자에게 있어 착한 본성을 지닌 인간이 악을 행하는 것은 사사로운 욕심과 외부의 환경이며, 가장 핵심적인 요인은 욕심입니다. 맹자는 양성을 위해 호연지기

동양철학의 이해

(浩然之氣)를 키워야 한다고 주장 합니다. 호연지기는 지극히 크고 굳세며, 올곧은 도덕적 기운으로 언제나 의(義)로운 일을 추구하고, 지속함으로써 형성되는 기운을 말합니다. 맹자는 호연지기를 설명하기 위해 세 가지의 용기에 대해 말합니다.

먼저 북궁유(北宮黝)의 용기입니다. 맹자는 북궁유의 용기에 관해 다음과 같이 묘사합니다.

> 北宮黝之養勇也, 不膚撓, 不目逃, 思以一毫挫於人, 若撻之於市朝; 不受於褐寬博, 亦不受於萬乘之君; 視刺萬乘之君, 若刺褐夫, 無嚴諸侯; 惡聲至, 必反之。
>
> -『孟子·公孫丑上』

북궁유(北宮黝)의 양용(養勇: 용기를 기름)은 피부가 찔려도 움츠리지 않으며, 눈동자를 피하지도 않아서, 조금이라도 남에게 꺾이면 시장이나 조정에서 종아리를 맞는 것처럼 여겨, 미천한 사람에게 모욕을 받지 않고 또한 만승국의 임금에게도 모욕을 받지 않아, 만승국의 임금이 찔려 죽는 것을 보고도 미천한 사람을 찌르는 것처럼 여겨, 두려워하는 제후가 없어 험담하는 소리가 이르면 반드시 보복하는 것이었다.

그리고 맹시사(孟施舍)의 용기에 대해서는 다음과 같이 이야기합니다.

"孟施舍之所養勇也, 曰: 視不勝猶勝也。量敵而後進, 慮勝
而後會, 是畏三軍者也。

- 『孟子·公孫丑上』

맹시사의 양용(養勇: 용기를 기름)은 이기지 못할 것을 마치 이길 수 있는 것처럼 보는 것이다. 적을 헤아린 후에 나아가고, 승리를 생각한 뒤에 교전한다면, 이는 삼군을 두려워하는 것이다. 내 어찌 반드시 이기기만 할 수 있겠는가? 두려움이 없게 할 수 있을 따름이다.

북궁유(北宮黝)의 용기와 태도는 외부에서 가해지는 어떠한 협박에도 굴하지 않으며, 그 기개를 지킴으로써 길러지는 용기입니다. 맹시사의 용기는 상대방에 구애됨이 없이 반드시 이길 수 있다는 내부의 신념을 지켜나감으로써 길러지는 용기입니다. 맹자는 북궁유의 용기를 외향적 용기로 맹시사의 용기를 내향적으로 보았으며, 외향적 용기보다 내성적 신념에서 나오는 용기를 보다 나은 것으로 평가합니다. 이는 맹자가 용기란 다른 사람을 대적하여 이기는 것과 같이 밖에 있지 않고, 자신을 지키는 것으로 안에 있다고 생각하기 때문입니다. 맹자는 여기서 한발 더 나아가 진정한 용기를 이야기하기 위해 증자(曾子)가 자양(子襄)에게 전한 공자의 용기를 제시합니다.

昔者曾子謂子襄曰: 子好勇乎? 吾嘗聞大勇於夫子矣: 自反
而不縮, 雖褐寬博, 吾不惴焉; 自反而縮, 雖千萬人, 吾往矣。

- 『孟子·公孫丑上』

옛적에 증자(曾子)가 자양(子襄)에게 이르기를 "그대는 용기를 좋아하는가? 내가 일찍이 큰 용기를 스승에게서 들었으니, 스스로 돌이켜 정직하지 못하면 비록 미천한 사람이라도 어찌 내 그들을 두려워하지 않겠는가? 그러나 스스로 돌이켜 정직하다면 비록 천만의 사람이라도 나는 나아가 대적할 것이다."라고 하셨다.

증자의 용기는 세 번째 용기로 도덕적으로 곧음입니다. 이는 맹시사의 용기보다 더욱 맹자가 이야기하는 부동심(不動心)에 가까운 것입니다. 왜냐하면, 맹시사의 부동심이 단지 안에서 두려워하지 않는 기운을 지키는 것에 불과하다면, 증자의 용기는 인의(仁義)와 도(道)를 기준으로 삼아 행동하는 것이기 때문입니다. 즉 진정한 용기는 스스로 반성하여 추호의 부끄러움이 없는 용기로서 사람들로 하여금 하늘로부터 부여받은 도덕적 본심을 실현하게 하는 용기인 것입니다.

맹자가 강조한 것은 바로 이 마지막 용기입니다. 그는 이러한 용기를 키우는 것이 호연지기를 키우는 것이라 이야기하며, 그 방법으로 지언(知言)과 집의(集義)를 제시합니다. 지언(知言)이 심(心)의 도덕적 본질을 인식하는 과정이라면 집의(集義)는 호연지기(浩然之氣)를 길러 직접 몸으로 체득하는 과정입니다.

다음에 마지막으로 살펴볼 부분은 맹자의 경세론(經世論)입니다. 이것은 왕도정치(王道政治)에 관한 이야기로 맹자의 인성론이 국가로 확대된 것입니다. 왕도정치란 도덕적인 교화(敎化)로 인(仁)을 실시하는 것을 말합니다. 왕도에 반대되는 말은 패도(覇道)이고, 왕도정치와 반대되는 것이 패도정치(覇道政治)입니다. 맹자가 살았던 당시 군주들은 부국강병에만 몰두하며, 패도를 추구하였습니다. 이에 대해 맹자는 왕도로써 백성을 다스릴 것을 주장합니다. 왕도로 백성을 다스린다는 것은 바로 인(仁)과 의(義)로 백성을 다스리는 것입니다. 인(仁)이 공자와 마찬가지로 따뜻하고 포용적인 사랑이라 한다면 의(義)란 옳고 그름을 분명하게 구분하는 사회적 정의입니다. 즉 왕도정치란 공평한 기회, 부의 균등한 분배, 그리고 배려를 통한 정치입니다. 예를 들어 농번기 때는 백성들을 부역으로 쓰지 않는 것과 같은 일을 말합니다. 이러한 경세론의 핵심 키워드는 인정(仁政)입니다. 즉 인(仁)을 중심으로 한 따뜻하고 포용적인 사랑 그리고 의(義)를 중심으로 시비를 구분하는 사회적 정의 이러한 두 가지 인의(仁義)를 포함한 정치를 인정(仁政)이라 합니다. 맹자는 여기서 더 나아가 민본주의(民本主義)와 덕치(德治)를 주장합니다.

한편 맹자는 굉장히 급진적인 혁명가라는 평가도 받습니다. 왜냐하면, 맹자와 제선왕의 문답 중 맹자는 군주 교체를 넘어 왕조 교체, 즉 역성(易姓)[12]이 정당하다고 인정합니다. 사실 천자(天子)는 천명을 받은 하늘의 아들이기 때문에 천자를 죽인다는 것은 유가적 사유 안에서는 용납될 수 없음에도 맹자는 역성의 정당성을 인정하는 발언을 한 것입니다.

宣王问曰: 汤放桀, 武王伐纣, 有诸? 孟子对曰: 于传有之。

12 　나라와 왕조가 바뀜. (『표준국어대사전』)

曰: 臣弑其君, 可乎?

曰: 贼仁者, 谓之贼; 贼乂者, 谓之残。残贼之人, 谓之一
夫。闻诛一夫纣矣, 未闻弑君也。

-『孟子·梁惠王章』

제선왕이 묻기를 "은나라 탕왕이 하나라 걸왕을 추방했
고, 주나라 무왕이 은나라 주왕을 쳤다고 하는데 그런 일이
있었습니까?"맹자가 답하기를 "그런 내용이 전해오고 있습
니다."제선왕이 말하길 "신하가 군주를 시해하는 것이 가능
합니까?"맹자가 답하기를 "인(仁)을 해치는 사람을 적(贼: 도
적)이라 하고, 의(義)를 해치는 자를 잔(殘: 잔인한 사람)이라고
합니다. 잔혹한 사람과 도적을 일부(一夫: 하찮은 사람)라 말합
니다. 저는 일부(一夫)를 죽였다는 말은 들었어도 군주를 시
해했다는 말은 듣지 못했습니다."

맹자와 제선왕의 문답에서 제선왕은 걸왕과 주왕을 방벌했던
탕왕과 무왕의 무력 사용이 신하가 군주를 시해하는 것임으로 이
는 모순이라고 지적합니다. 이에 대해 맹자는 인(仁)을 해치는 사
람은 적(贼), 즉 남을 해치는 사람이고, 사회적 정의를 구현하지 않
고, 의(義)를 해치는 사람은 잔(殘), 즉 남을 배려하지 않는 잔인한

사람이라고 말합니다.

군주를 죽여서는 안 되지만, 맹자의 입장에서 남을 해치고 잔인하게 구는 사람은 그저 하나의 평범한 사람일 뿐 군주가 아니라는 말입니다. 그러므로 인(仁)과 의(義)를 실천하지 않았던 걸왕과 주왕을 죽였다는 말은 들었지만, 군주를 시해하였다는 말을 듣지 못했다고 이야기한 것입니다. 다시 말해 군주가 인의(仁義)로써 왕도(王道)를 실현하지 않는다면 군주도 바뀔 수 있다는 의미이며, 이러한 언급이 역성혁명을 부분적으로 인정하는 것이라 할 수 있습니다. 그래서 일부 학자들은 맹자가 백성을 귀하게 여기고, 군주를 가벼이 여기는 민귀군경(民貴君輕) 사상을 주장했다고 이야기하기도 합니다. 이러한 역성혁명의 정당성은 앞서 공자의 정명사상(正名思想)을 계승하고 있다고 볼 수 있습니다.

맹자는 정치뿐 아니라 경제에 대해서도 인식을 가지고 있었습니다. 그는 항산(恒産)과 항심(恒心)에 대해 이야기합니다.

> 無恒産而有恒心者, 惟士爲能。若民, 則無恒産, 因無恒心。苟無恒心, 放辟邪侈, 無不爲已。及陷於罪, 然後從而刑之, 是罔民也。
>
> -『孟子·梁惠王上』

고정된 생업이 없으면서도 항심을 갖는 것은 오직 선비만이 가능하다. 백성의 경우 고정적인 생업이 없으면 항심도 없어진다. 만약 항심이 없다면 편벽되며 간사하고 사치스러운 행위를 하지 않음이 없을 것이다. 결국 백성들이 죄에 빠지고 난 뒤에 이를 형벌에 처한다면 이는 백성들을 그물질해 잡는 것이다.

맹자는 항산(恒産)이 없으면 항심(恒心)이 있을 수 없다고 생각합니다. 일정한 직업이 있고, 먹고 사는 문제가 해결되어야 내가 처음에 가졌던 초심을 잃지 않고 변함없이 항심(恒心)을 가질 수 있다고 말합니다. 고정적인 생업이 없으면 항심도 사라집니다.

이것은 현대 사회에서도 마찬가지입니다. 도덕적인 행위를 위한 마음가짐도 우선은 먹고 사는 기본적인 문제가 해결되어야 가능할 것입니다. 맹자는 고정된 생활의 기반이 없어도 항심을 가질 수 있는 것은 오직 선비뿐이며, 선비는 배를 곯으면서도 인의(仁義)를 실천하는 것이 가능하다고 이야기합니다. 하지만 사실상 선비도 배를 곯는다면 항심이 가능할지 모르겠습니다. 맹자는 유가 인성론의 토대를 마련한 위대한 사상가입니다. 인간의 외면보다는 내면을 중시했고 함께 더불어 사는 여민(與民) 주

의를 주장한 맹자의 사상은 현대사회에도 매우 중요한 의미가 있
다고 생각됩니다.

제3장

도가(道家)

노자, 도와 무위(無爲)적 삶

이번에 살펴볼 내용은 중국 도가에 관련된 내용입니다. 도가에 앞서 노자 또는 장자라는 사람의 이름을 한 번쯤 들어봤을 것입니다. 노자의 『도덕경(道德經)』이나 장자가 쓴 『장자(莊子)』라는 책은 오랫동안 많은 사람에게 읽히고 있는 고전입니다.

이러한 책들은 어떻게 오랜 세월 동안 사람들의 관심을 받아왔을까요? 또한 현대를 살아가는 우리에게 어떠한 의미가 있는지 살펴보겠습니다.

도가 학파는 춘추 말기 노자가 창건한 이래 중국의 문화 발전에 매우 중요한 역할을 했습니다. 춘추 말기 이후, 특히 전국 중기 이후의 사상계에서 가장 영향력을 발휘한 학파는 도가였습니다. 중국 철학사에서 도가의 창시자인 노자는 체계적인 우주 생성론과 우주 본체론을 제일 먼저 구축했을 뿐만 아니라, 이후 2,000여 년 동안 중국 철학의 우주론이 발전하는 데 큰 영향을 끼치게 됩니다. 선진시대의 노자의 철학은 황로 철학과 장자 철학 그리고 신불해와 한비자의 철학에 영향을 끼쳤을 뿐만 아니라, 공자와 맹자 그리고 순자의 천인학설 및 역전과 여씨춘추의 철학 사상에도 영향을 미칩니다.

노자는 춘추전국시대에 살았던 철학자로 도가 학파의 창시자입니다. 노자의 성은 이(李) 이름은 이(耳), 자(字)는 담(聃)으로 노래자(老萊子)라고 부르기도 하며, 초나라 사람으로 알려져 있습니다. 허신(許愼)의 『설문해자(說文解字)』에 따르면 담(聃)은 이만(耳曼)이다. 만(曼)은 길다는 뜻으로 담(聃)은 귀가 아주 크다는 뜻을 가지고 있습니다. 이 때문에 '노자의 귀는 7촌이나 된다.'는 설이 후세 사람들에게 전해 내려오고 있습니다. 사기에 따르면 그는 초나라 고현(古縣) 려향(厲鄉) 곡인리(曲仁里) 사람입니다. 그곳은 오늘날의 하남성(河南省) 녹읍(鹿邑)의 동쪽 지역으로 안휘성(安徽省) 박현(亳縣)과 가깝습니다.

노자는 일찍이 동주(東周) 수장실의 관리, 즉 문헌 자료의 수집과 보관을 관장하는 관직을 맡았다고 합니다. 당시 동주는 이미 쇠퇴하여 주나라 천자는 유명무실한 상태였고, 노자는 주나라가 쇠퇴함을 보고 관직을 버리고 서쪽으로 떠나게 됩니다. 함곡관에 이르자 관령 윤희가 노자에게 "선생님께서 이제 은거하시려 하니 청컨대 선생님의 사상을 남겨 놓을 수 있는 책 한 권을 써 주시기를 바랍니다"라고 부탁했고, 노자는 약 5,000여 자의 『도덕경(道德經)』이라는 상하 두 편의 글을 저술하고 떠납니다. 그리고 이후 아무도 그가 어디로 갔는지 알 수 없었다고 전해집니다.

동양철학의 이해

우리는 일반적으로 철학을 이야기할 때 자연에 대한 궁극적인 실체와 존재에 대한 물음으로부터 시작합니다. 이것은 종교에서 이야기하는 신(神)과 다른 형이상학적 실체를 의미합니다. 철학에서 이야기하는 실체는 스스로 존재하며 모든 사물의 근원과 시작점이 되는 어떤 존재입니다. 노자는 이 실체를 독립불개(獨立不改)라는 말로 설명하고 있습니다. 노자는 중국 철학 사상 처음으로 도(道)라는 개념을 통해 천지 만물의 존재와 우주의 운행을 설명합니다.

앞서 언급했던 철학자들 가운데 공자나 맹자의 관심은 현실과 인간이었습니다, 그들은 인간이 삶을 어떠한 방식으로 살아가는 것이 가장 이상적인가 하는 것에 관해서 관심을 가졌습니다. 그러므로 그들의 관심은 사람으로서 마땅히 지켜야 할 도리, 즉 인도(人道)라고 할 수 있습니다. 그리고 그것을 인(仁)과 의(義)로 설명하고, 이 인과 의를 바탕으로 타인을 배려하고, 사회적 정의를 실천하며 살아야 한다고 주장합니다. 그런데 우리는 왜? 그렇게 살아야 하는 것일까요? 그것에 대한 당위 또는 근거가 없다면 사람들에게 설득력이 없을 것입니다. 공자는 이러한 인륜의 질서와 인도(人道)의 당위성을 천명(天命)에서 구하고자 합니다. 그럼 천(天)은 어떤 존재일까요? 다시 말해 천은 어떻게 인륜의 질서와 인도의 당위성을 담보할 수 있을까요?

철학의 시작은 '세계의 근본적인 원소는 무엇인가'라는 물음으로부터 출발합니다. 서양은 자연을 대상으로 물음을 시작하는 것입니다. 하지만 중국 철학은 인간의 삶, 인간의 길에 관한 물음으로부터 그 여정을 시작합니다. 이 때문에 서양철학과는 다른 출발선에서 그 근원을 향한 물음을 던집니다. 즉 인도에서 천도로 거슬러 올라가는 흐름을 보여줍니다.

노자의 철학이 중요한 이유는 바로 인도의 근거가 되는 천도를 도(道)라는 철학 범주에서 설명함으로써 중국 철학의 형이상학적 기반을 구축했기 때문입니다. 우리는 먼저 노자가 이야기하는 도(道)를 주제로 살펴보고, 나아가 천도(天道)와 인도(人道)의 관계 그리고 자연에 관한 그의 해석을 들어볼 것입니다.

하늘(天)에 대한 사유는 고대 형이상학의 출발점이자 근원이라 말할 수 있습니다. 춘추 전국시대 하늘의 의미는 크게 세 가지로 이야기할 수 있습니다.

첫 번째는 주재지천(主宰之天) 두 번째는 의리지천(義理之天) 그리고 마지막으로 자연지천(自然之天)입니다. 이 가운데 노자는 자연지천(自然之天)을 이야기합니다. 그에 의하면 하늘은 어떠한 인격적인 특징도 없으며, 스스로 그러한 법칙에 따라서 운행됩니다.

동양철학의 이해

중국의 상고시대에는 제(帝) 또는 상제(上帝)라는 개념으로 자연 현상과 사회 현상을 설명했습니다. 중국의 고대인들은 천지 만물을 주관하는 지고한 존재인 상제가 비바람과 전쟁의 승패를 주재한다고 믿었습니다. 그들에게 있어 상제는 인격을 가지고 인간의 삶에 관여하는 절대적인 존재였습니다. 따라서 중국 고대 서적들 속에서 상제가 인간의 통치와 삶에 직접 관여하는 모습들을 묘사한 내용들을 많이 발견할 수 있습니다. 이러한 하늘을 주재지천이라 말합니다. 의리지천은 주재지천과 같이 인격을 가지고 있지 않지만, 인간의 도덕 행위에 관여합니다. 의리의 하늘은 인간이 착한 행위를 하면 상을 주고, 나쁜 행위를 하면 벌을 주는 하늘입니다. 이 같은 천에 관한 관점은 사회적으로 또는 이성적으로 완숙한 어떤 형태를 갖추기 이전, 인간의 하늘에 대한 각기 다른 믿음을 나타냅니다. 자연지천은 인간의 삶에 관여하지 않으며 도(道)를 통해 운행되는 하늘입니다. 노자는 주재지천의 상제보다 도(道)가 더 근원적이며, 천지 만물의 존재와 운행의 근거라고 이야기합니다.

도(道)는 텅 비었으나 작용함은 다하지 않는 듯하니 깊고
그윽하여 만물의 근원 같다. 형체도 없고 소리도 없으나 있
는 듯도다. 나는 그것이 누구의 아들인지 알지 못하나 상

제(上帝)보다도 앞서 존재하는 것 같다.[1]

"누구의 아들인지 알지 못한다"는 것은 그것보다 더 근원적인 어떠한 것을 알지 못한다는 의미입니다. 노자에게 있어서 도(道)는 영원히 작용해도 고갈되지 않는 기능을 가지고 있으며, 상제(上帝)보다 앞선 존재입니다. 또한 도(道)는 어떠한 의지를 가지고 천지 만물을 사랑하거나 혹은 미워하지 않습니다. 즉 천지 만물을 존재하게 하고, 변하게 하는 궁극적 실체인 도는 어떠한 의지나 목적이 없으며, 따라서 만물을 풀 강아지처럼 여겨 배려하지 않습니다.

천지는 어질지 아니하여 만물을 풀 강아지처럼 여긴다 ......[2]

만약 상제의 의지에 의해 이 세계가 지배된다면 아마 재난이 일어난 곳에 다시 똑같은 재난이 일어나지 않을 것입니다. 인간은

1 　道沖而用之, 或不盈, 淵兮! 似萬物之宗……似或存, 吾不知誰之子, 象帝之先。老子,『道德經』(第四章)
2 　天地不仁, 以萬物爲芻狗……。老子,『道德經』(第五章)

동양철학의 이해

같은 재해가 연달아 같은 곳에서 발생하기를 바라지 않지만 이것은 인간의 입장에서 천지가 인격을 가진 존재이기를 바라는 것입니다. 노자는 천지 만물이 존재하고 변하게 하는 궁극적인 실체인 도(道)가 어떤 의도나 목적이 없다는 것을 명확히 이야기합니다.

봄이 가면 여름이 오고, 또 여름이 가면 가을이 옵니다. 그리고 이어서 겨울이 찾아옵니다. 우리는 왜 무더운 여름을 그리고 추운 겨울을 보내야 할까요? 아무도 그것에 대해 물음을 던지지 않습니다. 어렸을 적 학교에서 자연과학 시간을 통해 이러한 계절의 변화에 대해 이미 배웠고, 그것은 자연의 자연스러운 규칙으로 받아들입니다. 자연이 어떠한 의지를 가지고 그러한 변화를 일으키지는 않는다는 것입니다. 거기에는 인격적인 부분은 완전히 배제되어 있고, 실질적인 목적이나 의도가 없음을 노자는 바로 '무의(無爲)'라는 단어로 표현하고 있습니다. 억지로 하려고 하는 것이 아니라 스스로 그러한 것입니다. 그래서 항상 무위(無爲)라는 말과 함께 자연(自然)을 이야기합니다. 이러한 도(道)는 몇 가지 특징을 가집니다.

첫째, 도(道)는 말로 표현할 수 없다는 것입니다.
노자는 도(道)를 무엇인지 설명할 수 있다면 그것은 이미 도(道)

가 아니라고 생각합니다. 도(道)는 만물의 진리를 담고 있어 모양도 소리도 없는 영원히 변하지 않는 것이며 도(道)는 그 어떤 말이나 문자로도 표현할 수 없습니다. 오직 도는 글이나 이름으로 이해하는 것이 아니라 마음으로 깨달아야 하는 것입니다.

우리가 알고 있는 지식은 대부분 어떠한 사물과 현상에 관한 경험 지식이며, 이러한 지식은 항상 단편적인 지식입니다. 그러므로 우리는 언어를 사용해 그 대상에 대한 지식을 정확하게 묘사하거나 전달할 수 없습니다. 도(道)에 관한 지식 역시 이와 마찬가지입니다. 그래서 노자는 도덕경의 첫 장부터 도(道)에 대해 이야기하지만, 결국은 이 도(道)의 모습을 온전히 묘사하거나 전달할 수 없다는 것을 인정합니다. 그렇다면 그는 왜 도(道)에 관한 이야기를 처음부터 하는 것일까요? 그는 다양한 도(道)에 대한 단편적 지식을 전달함으로써 도로 나아가는 많은 길을 우리에게 제시해 주고 있습니다. 이를 통해 우리는 도(道)의 일부분을 경험할 수 있으며, 그 길을 찾고자 하는 또 다른 사람들에게도 다양한 길을 제시해 줄 수 있습니다. 말할 수 없는 도의 성질에 대해 노자는 다음과 같이 말합니다.

도를 도라고 말할 수 있다면 도가 아니며, 이름을 붙여 말

동양철학의 이해

할 수 있다면 그것은 진정한 이름이 아니다.[3]

노자에 의하면 도(道)는 말로 표현할 수 없으며, 말로 표현할 수 있는 도는 진정한 도가 아닙니다. 만일 우리가 '하나'라고 이야기한다면 그 대상은 '둘'이 될 수 없습니다. 이처럼 언어는 표현하는 순간 한계를 짓고, 규정하는 속성을 가지고 있습니다. 노자는 알 수 없는 도에 대해 다음과 같이 이야기합니다.

그것을 보려고 해도 보이지 않으니 이름하여 이(夷)라고 하고, 그것을 들어보려고 해도 들리지 않으니 이름하여 희(希)라고 하며, 그것을 만져보려고 해도 만져지지 않으니 이름하여 미(微)라고 한다. 이 세 가지 성질을 지닌 도는 따져서 이를 수 없으며, 원래부터 섞여서 하나이기 때문이다.[4]

이(夷), 희(希), 미(微)는 인간의 감각기관에 드러나지 않는 성질을 형용하는 것입니다. 따라서 도는 인간의 감각기관을 초월해 있

3 　道可道, 非常道; 名可名, 非常名。老子,『道德經』(第一章)
4 　視之不見名曰夷, 聽之不聞名曰希, 搏之不得名曰微。此三者不可致詰, 故混而爲一。老子,『道德經』(第十四章)

으며, 언어를 통해서 알 수 없는 것입니다.

예를 들어, 봄, 여름, 가을, 겨울의 사계절이 생기는 이유는 지구의 자전축이 조금 기울어 태양 주위를 공전하기 때문입니다. 우리는 지구 위에서 생활하지만, 지구의 기울어짐도 그 공전의 상태도 스스로 감각기관을 통해 느끼지 못합니다. 이처럼 도(道)는 우리의 감각기관과 언어를 초월하여 존재합니다.

그렇다면 감각기관으로 알 수 없고, 언어로 표현할 수 없는 대상을 노자는 왜 도(道)라고 부를까요? 도는 사람이 걸어 다니는 길로써 사방 어디에나 통합니다. 노자는 도를 천지 만물 어디에나 통할 수 있는 지고한 존재로 생각했습니다.

위나라의 현학자인 왕필(王弼)은 만물을 포함하며 만물에 통할 수 있는 도를 포통만물(包通萬物)이라 표현합니다. 도의 이 같은 성질이 중요한 이유는 이것이 내재적 초월주의의 기본 전제가 되기 때문입니다. 내재적 초월주의는 유한한 존재인 인간에게 우주적인 것의 내재를 인정하고 이를 통해 우주와 합일 할 수 있다고 생각하는 사유의 형태입니다.

유가에서는 인간이 가진 인(仁)이라는 측은지심(惻隱之心)의 확장을 통해 하늘로부터 부여받은 인간의 본성을 갈고 닦으면 하늘과 같은 본성으로 돌아갈 수 있다고 주장합니다. 이것은 유가(儒

家)가 추구하는 천인합일(天人合一)의 사상이자, 내재적 초월주의입니다.

불교에서는 인간에게 모두 불성(佛性)이 있다고 말합니다, 즉 모든 인간은 부처가 될 수 있는 잠재적인 형태로 존재하며 불성(佛性)을 깨닫고 그것을 발현할 수 있다면 누구나 부처가 될 수 있다고 것입니다. 이것은 불교의 믿음이자 내재적 초월 사상입니다. 이와 같은 사유의 형태는 유가나 불교뿐만 아니라, 도가와 단군신화에서도 찾아볼 수 있습니다.

노자는 도(道)가 천지 만물을 포함하고 어디에나 통할 수 있으며, 이러한 도는 천도(天道)이고, 지도(地道)이며, 또한 인도(人道)이자, 왕도(王道)라 생각합니다. 그리고 우주의 일부인 인간은 언제든 천도와 지도, 인도와 왕도를 통해 도와 하나가 될 수 있다고 생각합니다. 도의 또 다른 성질을 형용하는 단어는 무(無)인데, 노자는 이에 대해 다음과 같이 말합니다.

무명(無名)은 천지의 시작이고, 유명(有名)은 만물의 어머니이다.[5]

---

5   無名天地之始, 有名萬物之母。老子, 『道德經』(第一章)

노자의 『도덕경』을 보면 무(無)와 유(有)라는 표현이 많이 등장합니다. 무(無)와 유(有)는 노자가 도와 만물을 표현할 때 사용하는 또 다른 표현입니다. 유명(有名), 즉 이름이 있음은 형체가 있는 것을 규정하는 것입니다. 사람이나 대상에게 이름을 지어준다는 것은 그 형체가 있음을 규정하는 것입니다.

최초의 규정이 생기면 우리는 그 대상에 대해 다양한 표현을 할 수 있으며, 그것들은 모두 유명(有名)의 내용이자 있음의 조각들이 됩니다. 하지만 언어를 통해 대상을 묘사하는 것은 그 대상의 전체를 나타낼 수는 없습니다. 어떤 대상의 이름이 그 대상의 모든 것을 온전하게 포함할 수는 없기 때문입니다.

노자는 유명과 더불어 무명을 이야기합니다. 무명은 이름이 없음을 나타냅니다. 이름이 없으므로 어떠한 구체적 대상으로도 규정될 수 없습니다. 하지만 규정될 수 없다는 것이 존재 하지 않는다는 것은 아닙니다. 무(無)는 절대적으로 존재하지 않는 공무(空無)의 개념이 아니라, 가려져 있음을 의미합니다. 드러나지 않고, 또 드러내지 않음으로써 모든 것을 포용하고, 이 모든 것을 포용해서 전체를 포괄할 수 있습니다. 이 때문에 도(道)는 무형(無形)이자, 무명(無名)이며, 천지의 시작이 됩니다. 천지가 시작되면 각각의 사물에 이름이 부여되고, 이름이 부여되면 만물이 생성되는 것

동양철학의 이해

입니다. 이름은 그것으로써 형체가 있는 것을 규정하는 것일 뿐입니다.

예를 들어, 집 주변에 꽃이 있다고 할 때, 나에게 그 꽃은 존재하는 것일까요? 내가 실제로 바라보고, 꽃이라 부르기 전까지 그 꽃은 무형이자 무명의 상태입니다. 하지만 그 꽃이 없는 것일까요? 단지 드러나지 않은 모습으로 꽃은 그 자리에 있습니다. 그러니까 세상은 마치 이와 같은 모습이고, 그러한 모습을 무(無)라는 글자로 표현한 것입니다. 노자는 이 같은 도의 모습을 다음과 같이 묘사합니다.

도(道)라는 것은 오로지 황홀하다. 황홀한데도 그 가운데 형상이 있으며, 황홀한데도 그 가운데 어떤 것이 있다. 아득하고 어두운데도 그 가운데 정기가 있다.[6]

그 위도 밝지 않고, 그 아래도 어둡지 아니하며, 까마득하여 이름할 수 없기 때문에 다시 아무것도 없음으로 돌아간다. 이를 모습 없는 모습과 형상 없는 형상이라 말한다. 이를

---

6 孔德之容, 惟道是從。道之爲物, 惟恍惟惚。惚兮恍兮, 其中有象; 恍兮惚兮, 其中有物; 窈兮冥兮, 其中有精……。老子, 『道德經』(第二十一章)

황홀이라 말한다. 앞에서도 보이지 않고, 뒤에서도 보이지
않는다.[7]

둘째, 도(道)는 만물을 생성하는 것입니다.

노자는 만물의 탄생에 대해 체계적으로 설명한 최초의 중국 철
학자입니다. 앞서 언급한 것과 같이 그는 "무명(無名)은 천지의 시
작이고, 유명(有名)은 만물의 어머니이다."라고 이야기합니다. 도
덕경 1장의 이 문장은 무와 유를 강조하거나, 무명과 유명을 강조
함으로써 조금 다른 의미로 해석됩니다. 유와 무를 강조하게 되면
'무를 만물의 시작이라 이름하고, 유를 만물의 어머니라 이름한
다.'로 해석할 수 있습니다. 즉 만물의 시작은 무(無)인 것입니다.
또한 노자는 도덕경 40장에서 "천하 만물은 유에서 생겨나고, 유
는 무에서 생겨난다."[8]고 말하며, 유무의 관계를 통해 만물의 생성
을 설명합니다. 도의 관점에서 보면 유(有)는 무(無)의 드러남이며,
무(無)는 유(有)의 가려짐입니다. 그리고 "생겨났다"는 것은 이름
이 붙여졌다는 것이고, 무에서 유가 생겨났다는 것은 가려졌다가

---

7   其上不皦, 其下不昧。繩繩不可名, 復歸於無物, 是謂無狀之狀, 無物之象, 是謂惚
    恍。迎之不見其首, 隨之不見其後……。老子,『道德經』(第十四章)

8   天下萬物生於有, 有生於無。老子,『道德經』(第四十章)

드러났다는 의미로 이해할 수 있습니다. 노자는 42장에서는 만물 생성의 과정을 자세히 묘사하고 있습니다.

> 도(道)는 일(一)을 낳고, 일(一)은 이(二)를 낳고,
> 이(二)는 삼(三)을 낳고, 삼(三)은 만물을 낳는다.[9]

일(一)은 만물이 생성되기 전, 도가 작용한 어떤 것으로 무(無) 입니다. 그리고 이(二)와 삼(三)은 하상공(河上公)[10]의 설명에 의하면 음양(陰陽)의 기(氣)와 그 화합입니다. 위진시대의 현학자인 왕필(王弼)은 이 구절에 대해 "만물은 일(一)로 돌아간다. 어떻게 일(一)로 돌아가는가? 무(無)로 인해서이다."[11]라고 주석하였고, 일(一)은 무(無)라고 설명합니다.

노자는 다음 구절에서 만물을 생성하는 도를 곡신(谷神)에 비유

9　道生一, 一生二, 二生三, 三生萬物。老子,『道德經』(第四十二章)

10　전한 때 사람. 성명(姓名)은 알 수 없다. 문제(文帝) 때 하빈(河濱)에 초가집을 짓고 살아 사람들이 하상공이라 불렀다고 한다. 황제가『노자(老子)』를 읽기 좋아했는데, 읽다가 모르는 곳이 나와도 대답할 사람이 없었다. 그가『노자』의 뜻을 안다는 말을 듣고 직접 가 물어보니 황제에게『소서(素書)』2권을 주었다. 이를 세심히 살핀 결과 의심스러운 곳이 다 풀렸다고 한다. (임종욱,『중국역대인명사전』, 이회문화사, 2010.)

11　萬物萬形, 其歸一也。何由致一, 由於無也。王弼 注,『老子道德经注』(第四十二章)

합니다.

> 곡신(谷神)은 죽지 않으니, 이를 현빈(玄牝)이라 한다. 현빈
> 의 문, 이를 천지의 뿌리라고 한다. 끊임없이 이어져 있어 작
> 용이 무궁무진하다.[12]

곡신(谷神)은 도(道)의 다른 표현입니다. 그리고 "곡신(谷神)은
죽지 않는다."는 것은 도(道)가 만물을 생성하는 작용을 멈추지 않
는다는 것입니다. 노자는 곡신을 현빈(玄牝)[13]이라 표현하고 있습
니다. 도(道)의 문인 현빈은 천지의 뿌리이고, 계속해서 만물을 생
성합니다. 여기서 곡신(谷神)이 죽지 않고 영원할 수 있는 까닭은
비어 있는 것과 관련이 있습니다. 비어 있기 때문에 어떠한 감정
이나 의도도 없이 자연히 스스로 작용하는 것에 맡기는 것입니다.
그리고 노자는 다음과 같이 말합니다.

---

12   谷神不死, 是謂玄牝。玄牝之門, 是謂天地根。綿綿若存, 用之不勤。老子, 『道德
      經』(第六章)
13   새끼 낳는 암컷. 만물을 생성하는 도(道). 玄은 그 작용이 미묘하고 심오함을 나
      타내고, 牝은 암컷이 새끼를 낳듯 도가 만물을 냄을 뜻함.(전관수, 『한시어사전』,
      국학자료원, 2007.)

하늘과 땅 사이는 풀무와 같지 않을까?

텅 비었으나 다하지 아니하며, 움직일수록 더욱 나온다.[14]

도(道)는 어떤 의도나 목적을 가지지 않고, 천지 만물의 자연스러운 흐름에 맡기므로 지치지 않고 영원히 살아서 자신의 기능을 발휘할 수 있습니다.

셋째, 도(道)는 만물의 본성을 이룹니다.

예부터 하나를 얻어서 된 것들이 있다. 하늘은 하나를 얻어서 맑고, 땅은 하나를 얻어서 편안하며, 신은 하나를 얻어서 영험하고, 골짜기는 하나를 얻어서 가득 차고, 만물은 하나를 얻어서 살고, 통치자는 하나를 얻어서 천하를 바르게 한다……하늘이 그것에 의하여 맑지 아니하면 장차 갈라지게 될 것이다. 땅이 그것에 의하여 편안하지 않으면 흩어지게 될 것이다. 신이 도에 의해 신령하지 않다면 역힐이 끝나게 될 것이다. 계곡이 도에 의해 채우지 않았다면 장차 마르게 될 것이다. 만물이 도에 의해 살아가지 않는다면 장차 소

---

14   天地之間, 其猶橐籥。虛而不屈, 動而愈出。老子, 『道德經』(第五章)

멸하게 될 것이다. 후왕이 도에 의해 귀하고 높지 않다면 장
차 그 위치를 잃게 될 것이다.[15]

노자가 이야기하는 '하나'는 도(道)입니다. 노자는 도가 없이는
어떠한 것도 생겨날 수 없을 뿐만 아니라, 그것의 본질적 성향을
드러낼 수 없다고 강조합니다. 또한 도의 입장에서 만물은 개별로
존재하지만, 차별적이지 않습니다. 그리고 이러한 각 대상의 본성
을 도가 이루어 줍니다. 앞서 제시한 도의 네 가지 특징 가운데 마
지막은 다음과 같습니다.

넷째, 도법자연(道法自然), 즉 도는 자연을 본받는다는 것입니다.

큰 것은 가게 되고, 가면 멀어지고, 멀어지면 되돌아온다.
고로 도(道)는 크고, 하늘은 크고, 땅은 크고, 왕(王) 또한
크다. 이 세상에 네 가지 큰 것이 있는데, 왕(王)이 그 하나를
차지한다. 사람은 땅을 본받고, 땅은 하늘을 본받고, 하늘은

---

15 昔之得一者: 天得一以淸, 地得一以寧, 神得一以靈, 谷得一以盈, 萬物得一以生,
侯王得一以爲天下正……天無以淸將恐裂, 地無以寧將恐發, 神無以靈將恐歇,
谷無以盈將恐竭, 萬物無以生將恐滅, 侯王無以貴高將恐蹶. 老子, 『道德經』(第
三十九章)

도(道)를 본받고, 도(道)는 본래 그러함을 본받는다.[16]

노자는 『도덕경(道德経)』(第二十五章)에서 천지 만물을 존재하게 하고, 움직이게 하는 도(道)의 본질적인 특징을 묘사하며, 도는 자연(自然), 즉 스스로 그러함을 본받는다고 말합니다. 그는 도의 본성은 자연이기 때문에 도에 의해 생성된 만물의 본성 역시 자연이며, 인간의 본성 역시 자연이라 생각합니다. 인간의 본성이 자연이기 때문에 인간의 가장 이상적인 삶의 모습은 스스로 그러함을 따르는 삶입니다. 그렇다면 스스로 그러함을 따르는 삶은 무엇일까요? 인간이 본래 가지고 있던 본성 그대로 살아가는 것을 의미하는 것일까요? 먹고 싶을 때 먹고, 자고 싶을 때 자고, 싸우고 싶을 때 싸우고 그렇게 마음대로 한다는 것은 아마 아닐 것입니다.

유가(儒家)는 인간의 본성이 선하다고 이야기합니다. 그들에게 가장 이상적 삶은 선한 본성을 따르는 삶입니다. 노자는 인간의 본성을 자연이라 생각했고 그에게 있어 가장 이상적 삶은 그 자연을 따르는 삶입니다. 도(道)는 어떠한 의도나 목적이 없으며, 그러한 도의 작용에 의해 모든 만물과 사건들이 생겨나게 됩니다. 그

---

16 大曰逝, 逝曰遠, 遠曰反。故道大, 天大, 地大, 王亦大。域中有四大, 而王居其一焉。人法地, 地法天, 天法道, 道法自然。老子, 『道德經』(第二十五章)

렇지만 도는 생겨난 사물이나 사건들을 간섭하거나 지배하지 않습니다. 세상을 보면 자연의 법칙에 의해서 동물과 식물들이 생성되고, 전체 지구가 운행하게 됩니다. 하지만 그 법칙 자체는 동물이나 식물을 지배하거나 어떻게 하려고 하지 않습니다. 이것은 의지나 목적이 없는 것입니다. 인간이 스스로 그러하다는 의미 또한 어떤 의도나 목적이 없다는 것을 전제하는 것입니다. 따라서 도를 따르는 삶은 어떤 의도나 목적이 없이 스스로 그러한 삶을 사는 것입니다. 여기에서 의도나 목적이 없이 행하는 것이 무위(無爲)이고, 사물의 스스로 그러함이 자연(自然)입니다. 즉 사물들의 본질적인 성향을 금하지 않는 것이 무위라면 사물들이 저절로 이루어지는 것이 자연입니다. 이 둘은 동전의 양면과 같습니다. 노자는 다음과 같이 말합니다.

대도는 넘쳐흘러 왼쪽으로도 오른쪽으로도 두루 흐를 수 있다. 만물이 그에 의지하여 생겨나지만 간섭하지 않고, 공이 이루어져도 그 공이 자기에게 있다고 하지 아니하며, 만물을 입히고 기르면서도 주재하지 않는다. 항상 욕심이 없으니 작다고 이름할 만하고, 만물이 그에게 돌아가도 주재하

지 않으니 위대하다고 이름할 만하다.[17]

　　도(道)는 항상 무위(無爲) 하지만 그것에 의해 이루어지지
　　않는 것은 없습니다.[18]

　　노자가 바라본 세상의 천지 만물은 도가 없이 존재하거나 운행
될 수 없지만, 도는 어떠한 의도나 목적이 없는 형태로 존재하는
것입니다. 그러므로 사람은 땅을 본받고, 땅은 하늘을 본받고, 하
늘은 도를 본받고, 도는 본래 그러함을 본받습니다. 인간이 자연
을 본받는 삶의 모습으로 노자는 다음과 같이 말합니다.

　　첫째, 물처럼 살아가라.

　　최고의 선은 물과 같다. 물은 만물을 이롭게 하면서도 다
　　툼이 없으며, 많은 사람이 싫어하는 낮은 곳에 머무르기 때
　　문이다. 그래서 도에 가장 가깝다. 머물 때는 낮은 곳에 머물

17　　大道汎兮! 其可左右, 萬物恃之而生而不辭, 功成不名有, 衣養萬物而不爲主, 常無
　　欲, 可名於小; 萬物歸焉而不爲主, 可名爲大。以其終不自爲大, 故能成其大。老子,
　　『道德經』(第三十四章)

18　　道常無爲而無不爲。老子, 『道德經』(第三十七章)

고, 마음을 깊이 헤아릴 수 있고, 벗을 사귈 때는 어질게 하
고, 말할 때는 믿음직하게 하고, 다스릴 때는 올곧게 하고,
일할 때는 능력있게 하고, 때에 맞게 움직이는 것이다. 다투
지 않으니 허물도 없다.[19]

노자는 최고의 선(善)은 물(水)과 같다고 생각했습니다. 그는 세
상에 물처럼 부드럽고 약한 것은 없지만, 단단하고 강한 것을 공
격하는 데는 이것을 이길 것이 없다고 이야기합니다. 그리고 물의
이러한 성질을 닮을 것을 주장합니다. 노자는 물의 부드러움이 능
히 강함을 이길 수 있다고 말하며, 유능제강(柔能制剛)이 바로 도
(道)의 삶을 따르는 모습이라고 이야기합니다.

천하에 가장 부드러운 것이 천하에 가장 단단한 것을 부
린다.[20]

위의 구절에서 "가장 부드러운 것"은 유연한 의지와 기운을 말

---

19 上善若水, 水善利萬物而不爭。處衆人之所惡, 故幾於道。居善地, 心善淵, 與善仁,
言善信, 正善治, 事善能, 動善時。夫唯不爭, 故無尤。老子,『道德經』(第八章)
20 天下之至柔, 馳騁天下之至堅。老子,『道德經』(第四十三章)

동양철학의 이해

하고, "가장 단단한 것"은 어려운 일을 말합니다. 또 "치빙(馳騁)" 이라는 표현은 본래 말을 타고 달린다는 의미로 "(천하를) 부린다" 라고 해석할 수 있습니다. 우리는 일상에서 많은 일과 다양한 인 간관계를 겪으며 살아가고 있습니다. 그리고 그 어려운 일들을 극 복하고 관계를 조율하는 일은 무엇보다 어려운 일입니다. 노자는 다양한 일상의 어려운 일을 대면할 때, 어떤 사람이 자신의 의지 와 기운을 부드럽게 만들 수 있다면 어떠한 어려운 일(단단한 것)에 부딪히더라도 상처 입지 않고 유연하게 대처할 수 있다고 생각합 니다. 노자에게 있어 이 부드러움은 생명력을 의미합니다. 노자는 이에 대해 다음과 같이 말합니다.

> 사람이 태어날 때는 부드럽고 연약하지만, 죽을 때는 굳 고 강해진다. 초목도 살아 있을 때는 부드럽지만 죽으면 바 싹 마르게 된다. 그러므로 굳고 강한 것은 죽음의 무리요, 부 드럽고 약한 것은 삶의 무리이다. 군사를 일으켰을 때, 강력 함을 뽐내면 멸망할 것이고, 나무도 강대하면 부러질 것이 다. 강대한 것은 아래에 놓이고, 부드럽고 약한 것이 위에 자 리 잡는다.[21]

---

21   人之生也柔弱, 其死也堅強。草木之生也柔脆, 其死也枯槁。故堅強者死之徒, 柔

혼백을 하나로 감싸 안아 떠나지 않게 할 수 있겠는가?
기운을 부드럽게 하여 갓난아이처럼 될 수 있겠는가?[22]

노자는 갓난아이와 같은 마음을 가지고, 물 흐르듯이 부드럽게 살아가는 것을 가장 바람직한 삶으로 보고 있습니다. 그리고 이러한 마음과 의지를 가지고 사람을 대하고, 일을 처리한다면 천하에서 지극히 어려운 일이라도 유연하게 대처할 수 있다고 생각합니다.

둘째, 자연을 본받는 삶의 모습으로 겸허하게 살아가라.

강과 바다가 온갖 시냇물의 왕이 될 수 있는 까닭은 그가 자기를 잘 낮추기 때문이다. 백성들의 위에 서고자 한다면 반드시 말을 낮추어야 하고, 백성들의 앞에 서고자 한다면 반드시 뒤에 머물러야 한다. 성인은 백성들보다 윗자리에 있지만 부담스러워하지 않고, 앞에 있지만 해치지 않는다. 그러면 비로소 성인이 위에 있어도 백성들이 무겁게 여기지 않으며, 백성의 앞에 있어도 방해가 된다고 여기지 않는다. 그

弱者生之徒。是以兵強則滅, 木強則折。強大處下, 柔弱處上。老子, 『道德經』(第七十六章)

22   載營魄抱一, 能無離乎? 專氣致柔, 能如嬰兒乎? 老子, 『道德經』(第十章)

러면 천하가 받들기를 즐거워하고 싫어하지 않는다. 다투지
않기에 천하의 누구도 그와 다툴 수가 없다.[23]

　노자의 『도덕경(道德経)』에는 천지의 도(道)로부터 인간의 삶에
이르기까지 다양한 내용들이 포함되어 있으며, 이 가운데 군주나
성인과 같은 리더의 이상적 모습을 묘사하는 내용들을 많이 발견
할 수 있습니다. 『도덕경』에 등장하는 왕(王), 주인(主人), 성인(聖
人) 등의 다양한 표현은 모두 통치자를 지칭하며, 통치자는 자연
의 도를 따라 자신을 낮추고 겸허하게 살아야 함을 강조하고 있습
니다.

　셋째, 욕심없이 살아가라.

　화려한 색은 사람의 눈을 멀게 하고, 현란한 음악은 사람
의 귀를 멀게 한다. 맛있는 음식은 사람의 미각을 잃게 하고,
말달려 사냥하는 것은 사람의 마음을 미치게 한다. 얻기 어

23　江海所以能爲百谷王者, 以其善下之, 故能爲百谷王。是以欲上民, 必以言下之; 欲
　　先民, 必以身後之。是以聖人處上而民不重, 處前而民不害。是以天下樂推而不厭,
　　以其不爭, 故天下莫能與之爭。老子, 『道德經』(第六十六章)

려운 재화는 사람의 행동을 어렵게 한다. 이 때문에 성인은
배를 위하나, 눈을 위하지 않는다. 그래서 먼 것을 버리고 가
까운 것을 취한다.[24]

　어떤 그릇이라도 물을 계속 부으면 넘치게 되며, 돈이 너무 많
으면, 사람들이 호시탐탐 노리게 됩니다. 노자는 사람이 필요한
것은 한계가 있지만, 인간의 욕심은 끝이 없다고 생각합니다. 그
러므로 지나치게 색깔에 집착하면 눈이 멀 수 있고, 지나치게 소
리를 즐기면 귀가 멀 수 있으며, 지나치게 맛만 쫓다가는 아무 맛
도 못 느낄 수 없고, 지나치게 재물을 탐하다가 명예와 도덕성 모
두를 잃는 경우가 있다고 말합니다. 그는 사람이 지나치게 욕심을
채우고 절제할 줄 모른다면 결국 만족을 느끼지 못할 뿐만 아니라
괴롭고 고통스러울 것임을 경고합니다.
　하지만 노자의 무욕(無欲)이 인간의 욕망 자체를 부정하는 것
은 아닙니다. 기본적인 최소한의 욕망을 인정하지만, 과유불급이
라는 것입니다. 과한 욕심은 인간의 생명을 위태롭게 합니다. 그
렇기 때문에 어떠한 욕심을 가지더라도 한계가 있어야 하며, 모든

24　五色令人目盲, 五音令人耳聾, 五味令人口爽, 馳騁畋獵令人心發狂, 難得之貨令人
　　行妨。是以聖人爲腹不爲目, 故去彼取此。老子, 『道德經』(第十二章)

동양철학의 이해

생명에 피해가 되지 않는 선에서 추구해야 합니다. 만약 그것을 넘어서게 되면 반드시 자신에게 나쁜 결과가 돌아오게 됩니다.

장자, 소요(逍遙)의 철학

사마천의 『사기(史記)』에 따르면 장자는 전국시대 송나라의 몽(夢)[25]이라는 지역에서 태어났으며, 이름은 주(周)입니다. 그는 몽의 칠원리(漆園吏)[26] 노릇을 한 적도 있으며, 양혜왕, 제선왕과 동시대(기원전 355~275)의 사람입니다. 『사기·노자한비열전(史記·老子韓非列傳)』의 기록에 의하면 그의 학문은 살피지 않은 것이 없을 정도로 박학다식했으며, 그의 사상은 노자의 학설을 계승하고 있습니다. 또한 십여만 자나 되는 그의 저서는 대체로 우언(寓言)으로 되어 있습니다.

장자가 저술한 『장자(莊子)』는 『남화진경(南華眞經)』 또는 『장자남화경(莊子南華經)』 등으로 불리며, 내편(內篇) 7편과 외편(外篇)

---

25   현재의 허난성[河南省] 상추시[商丘市]이다.
26   칠원의 하급 관리. 장자가 평민 또는 하층의 지식인이었음을 알 수 있다.

15편 그리고 잡편(雜篇) 11편을 합하여 총 33편으로 구성되어 있습니다. 이 가운데 내편이 비교적 오래되어 장주(莊周)의 저작에 가까운 것으로 보이고, 외·잡편은 노자와의 절충이나 기타 사상과의 교류가 섞인 것으로 보입니다.

오늘날 33편의 장자가 정해진 것은 진(晉)나라 곽상(郭象)의 주석본입니다. 곽상(郭象) 주(注)는 현존하는 최고의 기본자료이며, 그 후, 당(唐)의 성현영(成玄英)의『주소(注疏)』, 송(宋)나라 임희일(林希逸)의『구의(口義)』외에도 많은 주(注)가 만들어졌습니다.

『장자(莊子)』는 읽기가 쉽지 않은데, 그것은 장자의 문체 때문입니다. 장자는 다음과 같이 말합니다

우언(寓言)이 열에 아홉이고, 중언(重言)이 열에 일곱이다.[27]

장자의 이야기 속에서 열에 아홉은 마치 우화(寓話)와 같이 다른 사물에 빗대어 의견이나 교훈을 은연중에 나타내는 말인 우언(寓言)이 차지하고, 열에 일곱은 당시 사람들이 존중하던 권위 있는 인물의 말을 인용하여 자신의 주장을 펼치는 방법인 중언(重

---

27   寓言十九, 重言十七, 巵言日出, 和以天倪。『莊子 (杂篇·寓言)』

言) 그리고 겉보기에는 이치에 맞지 않으나, 사실은 깊은 깨달음과 교훈을 주는 전달 방식인 치언(卮言)이 자주 나옵니다. 이 가운데 특히 치언(卮言)으로 인해서 장자를 이해하는 것이 쉽지 않습니다. 하지만 이 부분을 주의 깊게 본다면 장자가 진정으로 하고자 하는 말이 무엇인지에 대해서 이해할 수 있을 것입니다.

장자는 노자가 이야기했던 도(道)의 바탕 위에 인간의 삶에 있어서 절대적인 자유를 추구한 철학자입니다. 장자가 전하는 핵심은 바로 '자유'입니다. 그가 이야기하는 자유는 단순한 자유가 아니라 정신의 절대적인 자유입니다. 앞서 살펴본 노자의 관심이 도와 우주 그리고 만물의 생성과 그 관계에 있었다면 장자의 관심은 인간과 인간의 마음입니다. 『장자(莊子)』에는 무려 285명의 인간 군상이 등장합니다. 장자는 이러한 인물들을 다양한 용어를 사용하여 분류하고 있습니다. 그 가운데 도(道)에 가까운 사람들을 성인(聖人), 지인(至人), 진인(眞人), 신인(神人), 현인(賢人), 대인(大人), 전인(全人), 전덕지인(全德之人), 인인(仁人), 천인(天人), 선인(善人), 도인(道人), 군자(君子)으로 일반적인 사람들은 중인(衆人), 서인(庶人), 금지인(今之人), 세지인(世之人), 세인(世人), 세속지인(世俗之人), 소인(小人) 등으로 지칭하고 있습니다, 이 가운데 성인과 군자 그리고 지인이 높은 빈도로 나타나며 중인, 서인, 세인이 비교적 자주 등장합니다. 이를 통해 장자가 도에 가까운 이상적 인간의 모습을 주로 이야기하고 있다는 것을 우리는 알 수 있습니다.

먼저 장자의 인간에 관한 이해에 대해 살펴보겠습니다.

장자가 첫 번째로 이야기하는 인간의 특징은 시간과 공간에 의해 제약을 받는 왜소한 존재라는 것입니다.

천지 사이에 있는 나는 마치 조약돌과 나무토막이 큰 산속에 있는 것과 같으니 나 자신이 보잘것없는 존재라고 느껴지는데, 또 어찌 감히 스스로 즐거워하겠는가. 천지 사이에 있는 사해(四海)는 마치 조그마한 개미굴이 큰 늪 속에 있는 것과 같지 않겠는가?[28]

물(物)이라 일컬을 수 있는 종류는 많은데, 사람은 그 가운데 하나에 지나지 않는다. 사람들이 사는 영토는 곡식이 생장하는 곳이며, 조그마한 모서리를 차지한 것에 지나지 않는다. 이를 만물과 비교하면 마치 말의 몸에 있는 한 오라기의 털과 같지 않겠는가?[29]

---

28 ······吾在於天地之間, 猶小石小木之在大山。方存乎見少, 又奚以自多! 計四海之在天地之間也, 不似礨空之在大澤乎?『莊子·秋水』

29 ······號物之數謂之萬, 人處一焉; 人卒九州, 谷食之所生, 舟車之所通, 人處一焉。

우리가 평생 여행하면서 살아간다면 지구의 몇 퍼센트나 경험할 수 있을까요? 아마 죽을 때까지 여행한다고 해도 지구의 모든 것을 볼 수는 없을 것입니다. 인간은 필멸(必滅)의 운명을 가지고 있습니다. 심지어 각 인간에게 주어진 시간도 다릅니다. 따라서 인간의 삶은 공간과 시간에 있어서 제한적입니다. 이것이 장자가 인간에 대해 가지고 있는 가장 기본적 이해입니다. 장자는 이처럼 시간에 의해 근본적으로 한계 지어진 인간의 삶을 백구과극(白駒過隙)이라는 말로 설명합니다. 우리가 인생을 살아가는 것은 마치 백구(白駒: 흰 망아지)가 빨리 달리는 것을 보는 것과도 같이 눈 깜짝할 사이라는 것입니다. 여기에서 백구는 표면적인 의미로 흰 망아지라고 해석할 수도 있고, 일광(日光), 햇빛으로 이해할 수도 있습니다. 두 대상은 모두 빠른 순간, 찰나를 비유하고 있습니다. 아침에 햇살이 창문을 뚫고 들어오는 순간, 그 찰나, 인간의 삶이란 바로 찰나의 아주 짧은 시간이라는 것입니다. 장자는 천지(天地) 사이에서 인간들이 살아가는 것이 마치 백구가 조그마한 틈 사이를 지나가는 것처럼 눈 깜짝 할 사이라고 말합니다.

장자가 이야기하는 두 번째 인간의 특징은 우연히 얻어진 육체

此其比萬物也, 不似豪末之在於馬體乎? 『莊子·秋水』

로 자신의 의사와 관계없이 생명을 부여받아 원치 않더라도 살아야 하며, 인간의 바람과 상관없이 죽어야 한다는 것입니다.

오는 생명을 물리칠 수 없고, 가는 생명을 막을 수 없다. 슬프도다![30]

공간과 시간에 제약을 받는 인간은 자신의 의지와 상관없이 부여받은 생명을 거부할 수 없습니다. 그리고 원치 않더라도 살아야 하며 자신의 바람과 상관없이 죽어야 합니다. 사춘기 학생들이 많이 하는 질문 중 하나가 바로 '내가 왜 세상에 태어났을까요?'라는 질문입니다. 내가 이 세상을 선택한 것도 아니고, 또 자신의 부모를 선택한 것도 아닙니다. 단지 인간의 생명은 그저 이 세상에 던져진 존재일 뿐입니다. 장자는 이 우연히 얻어진 인간의 생명이 곧 필멸(必滅)하는 인간의 한계를 전제하고 있으며 때문에 인간의 삶은 비극적일 수밖에 없다고 생각합니다. 그리고 이러한 인간을 더욱 불행하게 만드는 것은 바로 인간이 가지고 있는 마음이라 생각합니다.

---

30   生之來不能卻, 其去不能止。悲夫!『莊子·达生』

선진시대 제자백가 가운데 심학(心學), 즉 마음에 대해서 가장 많은 관심을 기울였던 철학자는 맹자와 장자입니다. 맹자는 유학의 입장에서 그리고 장자는 도가의 입장에서 마음에 관해 이야기합니다. 유한한 인간이 가지고 있는 마음을 장자는 성심(成心)이라 이야기합니다. 현대 중국어로는 이것을 성견(成見)으로 번역하여 '편견'의 의미로 해석하기도 합니다. 모든 사람은 교육을 통해 세계관을 만들고, 또 거기에 각자의 경험과 어른들(부모)의 말씀을 더하여 주관적인 가치체계를 완성합니다. 이것이 바로 장자가 말하는 성심(成心)입니다.

성심(成心)은 덕성을 버리고 개인의 마음을 따르는 거성종심(去性從心)과 마음과 마음이 서로 엿보는 심여심식지(心與心識知)의 특징을 가지며 이로인해 인간사회의 혼란이 발생합니다. 앞서 자연(自然)은 '어떠한 의도와 목적을 가지지 않고 스스로 그러하다.'고 말했습니다. 그런데 이러한 자연(自然)의 본성과 덕성을 버린다는 것은 의도와 목적을 가지고 어떠한 것을 행하는 것이므로 자연의 본성에 어긋나는 것입니다. 본성인 덕성을 버리고 의도와 목적을 가지고 행동하기 때문에 인간 사이에 혼란이 생겨나며, 다른 사람을 자기 삶의 기준으로 놓고 바라보기 때문에 시기와 질투가 생겨나 다양한 사회 문제를 발생시키게 됩니다.

장자는 이 같은 성심의 특징을 국한성(局限性)과 외치성(外馳性)으로 설명합니다. 앞서 이야기했듯 성심(成心)은 특정 지역과 시간 속에서 교육되어 형성된 마음이기 때문에 환경의 제한을 벗어날 수 없습니다. 이러한 성심(成心)의 국한성에 대해 장자는 『장자·추수(莊子·秋水)』에서 다음과 같이 이야기합니다.

우물 안 개구리에게 바다에 대해 말해도 알지 못하는 것은 공간이 제한되어 있기 때문이고, 여름벌레에게 얼음에 대해 말해도 알지 못하는 것은 계절에 제한되어 있기 때문이며, 비뚤어진 선비에게 도(道)에 대해 말해도 알지 못하는 것은 가르침에 속박되어 있기 때문이다.[31]

다음으로 마음은 외치(外馳)의 성향을 가지고 있습니다. 외치(外馳)란 외부 사물에 이끌려 치달려 가는 것을 말합니다. 장자는 이를 치(馳) 또는 좌치(坐馳)로 이야기합니다. 마음이 좌치 한다는 것은 사람의 몸이 A 지점에 앉아 있음에도 불구하고 그의 마음은 B 지점으로 달려가는 것을 의미합니다. 사실 우리는 평상시에 많

31　井蛙不可以語於海者, 拘於虛也。夏蟲不可以語於氷者, 篤於時也。曲士不可以語於道者, 束於教也。『莊子·秋水』

은 외치를 경험합니다. 예를 들어 수업을 들으면서 마음은 과거와 현재의 다른 어떤 곳으로 달려가는 것입니다. 수업을 듣는데 '이따가 점심은 뭘 먹어야지', 또는 '저녁에 친구를 만나야지'라고 생각한다면 마음이 이미 외치(外馳)하고 있는 것입니다.

　장자는 외치라는 용어를 통해 마치 고삐 풀린 말이 날뛰듯이 마음이 외물을 좇아다니는 것을 형용하여 말하고 있습니다. 그렇지만 이러한 양상은 특별한 것이 아닌 모든 인간의 마음이 가진 한계입니다. 장자에 의하면 이러한 마음을 가지고 있는 인간이 육체를 갖게 됨으로써 인간의 삶은 비극을 맞게 됩니다. 즉 인간의 삶은 자신과 타인의 욕망을 구분하지 못하고 외부의 대상으로 외치하는 비극적 삶을 살게되는 것입니다. 그래서 장자가 주장하는 것이 소요(逍遙)입니다. 소요(逍遙)란 정신의 절대 자유를 말하는 것으로 장자의 철학에서 가장 중요한 개념입니다.

　장자는 어떤 것에 의지함이 있는 자유(遊)는 조건과 제한이 있는 자유(遊)라고 생각합니다. 그래서 정신의 완벽한 자유를 얻기 위해서는 어떤 것에 의지하는 대대(待對)의 관계가 있으면 안 된다고 생각합니다. 장자는 이와 관련해 열자(列子)[32]를 예로 들어 설

32　열자(列子, 기원전 4세기경)는 중국 전국시대의 도가(道家) 사상가로, 이름은 어구

명합니다.

열자(列子)는 가뿐하게 바람을 타고 다니다가 15일이 지난
뒤에야 돌아온다. 그는 복을 구하는 일에 집착하지 않는다.
그러나 걸어 다니는 번거로움은 면해 여전히 바람에 의지하
고 있다.[33]

열자처럼 자유자재로 바람을 타고 움직이는 것도 의지함이 있
는 것입니다. 그가 복을 구하는데 집착하지 않고 바람을 타고 돌
아다니다가 15일 뒤에 돌아오는 것은 자유롭다고 할 수 있지만,
그가 아무리 바람을 타고 움직인다 해도 결국에는 바람에 의지함
이 있으며 결국 바람의 제약을 받지 않을 수 없습니다. 장자는 바
람이 없으면 움직일 수 없는 열자 역시 소요의 경지에 이른 것이
아니라 생각합니다. 즉 어떠한 제약도 없는 절대적 자유 그것이
장자가 이야기하는 소요유(逍遙遊)인 것입니다.

장자는 만물과 자아를 초월한 사람만이 비로소 소요유(逍遙遊)

(禦寇)이다.

[33] 夫列子御風而行, 泠然善也, 旬有五日而後反。彼於致福者, 未數數然也。此雖免乎
行, 猶有所待者也。『莊子·逍遙遊』

동양철학의 이해

에 도달할 수 있다고 말합니다. 만물의 초월은 외물(外物)의 구속과 간섭을 받지 않는 것입니다.

외물의 제한이 있으면 정신은 자기의 형체를 담고 있는 육체의 구속과 간섭을 받게 됩니다. 몸이 있다는 것은 개인의 정신이 그 몸의 차고 따스함, 배고픔과 배부름, 질병 등의 간섭을 받는다는 말입니다. 장자가 이야기하는 자아는 개인의 감각, 사유, 정서, 욕망, 의지, 시비, 선악 등의 심리 활동입니다.

예를 들어, 시비나 선악과 같은 관념이 존재하면 선입견을 갖기 쉽고, 시비와 선악을 둘러싼 논쟁을 일으킬 수 있습니다. 이러한 것들은 모두 자기의 정신적 안정과 자유를 제한하고 간섭하게 됩니다. 그러므로 제한적인 자아를 초월해야만 비로소 절대의 자유를 획득할 수 있습니다.

모든 사람은 삶을 살아가며 각자 나름의 기준을 가지고 있습니다. 이것을 장자의 언어로 표현하면 앞서 이야기한 성견(成見)입니다. 그리고 그 각각의 성견(成見)은 우리가 가지고 있는 육체적 한계와 마음이 가지고 있는 국한성(局限性)과 외치성(外馳性)으로 인해 제한적으로 작용할 수밖에 없습니다. 우리는 종종 자신의 기준으로 상대방이나 세상을 제단 합니다. 또 어떤 경우에는 반대로 우리가 그러한 기준을 강요받기도 합니다. 장자는 지인(至人)과 신인(神人) 그리고 성인(聖人)의 예를 들어 이러한 기준을 벗어난 사람들의 모습을 우리에게 설명합니다.

> 만일 천지의 근본을 타고 육기(六氣)[34]를 부려 무궁한 경계에서 노니는 사람이라면 무엇에 의지하려 하겠는가?
> 지인(至人)은 자기가 없고(無己), 신인(神人)은 공을 세우지 않고(無功), 성인(聖人)은 이름을 구하지 않는다(無名).[35]

지인(至人)은 정신이 맑고 천연함이 지극한 사람입니다. 그는 궁극의 지극한 앎을 통해 세상 밖에서 노닐며 스스로의 존재를 의식함이 없습니다. 따라서 지인은 자기의 견해를 편벽되게 고집하지 않습니다. 요즘 학생들은 '꼰대', '꼰대력'이라는 표현을 씁니다. 세대마다 자신이 받아온 교육에 의해 세운 가치관을 가지고 학생들을 가르치게 됩니다. 이때 그러한 기준들이 학생들에게 그대로 강요된다면 학생들은 자기의 주장만을 내세우는 꼰대라고 생각하는 것입니다.

---

34 육기(六氣)는 천지간의 여섯 가지 기운(氣運)인 음(陰)·양(陽)·풍(風)·우(雨)·회(晦)·명(明)을 말하며 자연 조화의 현상을 의미한다.

35 若夫乘天地之正, 而禦六氣之辯, 以游無窮者, 彼且惡乎待哉? 故曰: 至人無己, 神人無功, 聖人無名.『莊子·逍遙遊』

신인(神人)은 스스로를 경계함으로써 청정(淸淨)한 상태를 유지하는 사람입니다. 그는 자연스러운 상태의 정신으로 만물과 차등이 없이 있는 그대로 자연스럽게 살아가는 사람입니다. 그는 신묘한 능력과 재주가 있어도 그것을 세속의 일에 쓰지 않으므로 세속의 가치로는 공을 이룸이 없습니다. '무공(無功), 즉 공을 세우지 않는다'는 것은 무위(無爲)를 이야기합니다. 무위(無爲)는 앞서 계속해서 강조한 도가의 핵심 철학의 하나로 어떤 의도나 목적을 가지지 않는 행위를 말합니다.

　마지막으로 **성인(聖人)**은 진정한 지도자입니다. 성(聖)은 소리를 듣는 사람을 뜻하는 글자로 집단의 지도자를 지칭합니다. 지도자는 백성의 삶이 평화롭고 배부르게 먹고 따뜻하게 입으며 이웃과 더불어 살아갈 수 있게 무위로 차별함이 없이 하나가 될 뿐 명망이나 지위에 관심이 없습니다. 그러므로 그는 '무명(無名), 즉 이름을 구하지 않습니다.'

　장자에게 있어 인간의 삶은 외물에 흔들려 자신을 잃고, 세속의 가치에 자신의 본성을 잃어버리는 과정입니다. 장자는 이러한 인간의 삶이 마치 수천수만 개의 쇠사슬에 꽁꽁 묶여 거꾸로 매달려 있는 것과 같다고 생각합니다. 따라야만 하는 수많은 규칙, 복잡한 나의 마음, 그리고 몸의 한계 이러한 것들이 인간을 옭아매고 있다고 보았고, 심지어 그러한 상태로 거꾸로 대롱대롱 매달려 있는 모습이 인간의 삶인 것입니다.

장자는 인간이 정신적인 자유를 얻기 위해서는 그러한 쇠사슬을 모두 끊어야 한다고 주장합니다. 자기의 견해를 편벽하게 고집하지 않고, 자신이 경험한 공간과 시간의 한계에서 벗어나 이미 형성된 가치관으로부터 탈출하는 것입니다. 그런 후에 모든 것을 자연 스스로 그러함에 맡기는 것입니다.

거꾸로 매달려 있는 것으로부터의 탈출, 장자는 그것을 현해(懸解)라고 표현합니다. 그리고 그는 현해(懸解)를 통해 소요유(逍遙遊)에 도달하는 방법으로 좌망(坐忘)과 심재(心齋)를 이야기합니다. 좌망과 심재는 물아(物我), 시비(是非), 차별(差別) 일체의 현상을 잊어버리는 정신적 수행 방법입니다. 장자는 또한 다음과 같이 말합니다.

안회가 말하길, 저는 진보하였습니다. 공자가 말하길, 무엇을 일컫는 말인가? 안회가 말하길, 저는 인의(仁義)를 잊어버렸습니다. 공자가 말하길, 그러나 아직도 부족하다. 다른 날 다시 뵙고 말하길, 저는 진보하였습니다. 공자가 말하길, 무엇을 일컫는 말인가? 안회가 말하길, 저는 예악(禮樂)을 잊어버렸습니다. 공자가 말하길, 그러나 아직도 부족하다. 다른 날 뵙고 말하길, 저는 진보하였습니다. 공자가 말하길, 무엇을 일컫는 말인가? 안회가 말하길, 저는 좌망하였습니다. 공자가 놀라며 말하길, 좌망의 내용이 무엇인가? 안회가 말하길, 육신을 무너뜨리고, 총명도 내쫓고, 형체를 떠나 지식도 버리고, 크게 통하는 도와 하나 되는 것을 좌망이라고 합니다. 대자연의 도와 일체가 되면, 사사로움도 없게 되고, 도에 따라 변화하면 서로 집착할 게 없어진다. 너야말로 현인이로구나. 나도 너의 뒤를 따르고 싶구나.[36]

장자는 『장자·대종사(莊子·大宗師)』에서 공자와 그의 제자 안회(顏回)의 대화를 통해 좌망(坐忘)에 대해 설명합니다. 안회는 인의(仁義)를 잊어버리고, 그 다음 예악(禮樂)을 잊어버렸으며, 마지막으로 좌망(坐忘)에 이르렀다고 말합니다. 그리고 몸과 총명을 잊어버리고, 형체와 지혜를 벗어나 큰 도(道)와 하나되는 것을 좌망이라 설명합니다.

---

36 顏回曰, 回益矣。仲尼曰, 何謂也? 曰, 回忘仁義矣。曰, 可矣。猶未也。他日複見, 曰, 回益矣。曰, 何謂也? 曰, 回忘禮樂矣。曰, 可矣, 猶未也。他日複見,曰, 回益矣。曰, 何謂也? 曰,回坐忘矣。仲尼蹴然曰, 何謂坐忘? 顏回曰, 墮肢體, 黜聰明, 離形去知, 同於大通, 此謂坐忘。仲尼曰, 同則無好也, 化則無常也。而果其賢乎! 也請從而後也。『莊子·大宗師』

또 서진(西晉) 시대 곽상(郭象)은 좌망에 대해서 다음과 같이 말합니다.

무엇을 좌망이라고 하는가? 좌망이란 무엇이든 다 잊어버리는 것이다. 안으로는 자기의 존재를 느끼지 못하고, 밖으로는 천지 만물의 존재를 느끼지 못한다.[37]

좌망이란 이처럼 주·객관의 모든 존재, 즉 사물과 나라는 쌍방을 다 잊어버리는 것임을 알 수 있습니다. 좌망에 이른 사람의 정신은 어떠한 조건과 제약도 받지 않습니다. 그리고 자유자재할 수 있습니다. 그리고 인간 세계로부터 어떠한 간섭도 받지 않기 때문에 마음의 허정(虛靜)[38]과 평화를 유지할 수 있습니다.

장자는 『장자·인간세(莊子·人間世)』에서 공자와 안회의 대화를 통해 심재(心齋)에 대해 설명합니다. 장자는 마음의 의지를 하나로 모아 귀로 듣지 않고 마음으로 깨달으며, 마음으로 깨닫지 못하

---

37 夫坐忘者, 奚所不忘哉? 即忘其跡, 又忘其所以跡者, 內不覺其一身, 外不識有天地, 然後曠然與變化爲體而無不通也。郭象 注『莊子·大宗師』

38 아무것도 생각하지 아니하고, 사물에 마음이 움직이지 아니하는 상태에 있음. 또는 그런 정신 상태.(『표준국어대사전』)

동양철학의 이해

면 마음의 허정(虛靜)한 상태에서 사물을 기다려야 한다고 말합니다. 그리고 오직 도(道)만이 허정(虛靜)하다고 말합니다. 즉 심재는 귀와 눈의 총명함 그리고 마음의 지식과 지혜를 버리고 마음을 허정한 상태로 유지하는 것입니다. 만일 어떤 사람이 심재에 도달한다면 그 사람의 마음은 외물이나 자신의 감각 사유에 구속되지 않고, 허정함을 유지할 수 있습니다. 장자는 심재와 좌망의 경지를 다음과 같이 묘사합니다.

> 나는 차근히 지켜보면서 그에게 일러 주었는데, 사흘이 지난 뒤에 천하를 도외시하게 되었고, 이미 천하를 도외시하였거늘 내가 또 지켜보니 이레가 지난 뒤에 사물을 도외시하게 되었다. 이미 모든 사물을 도외시하였거늘 내가 또 지켜보니 아흐레가 지난 뒤에 삶을 도외시하게 되었다. 이미 삶을 도외시한 뒤에 어느 날 아침 햇살과 같은 경지에 도달하였고, 아침 햇살과 같은 경지에 도달한 이후에는 절대의 도(道)를 볼 수 있었다. 절대의 도(道)를 본 뒤에는 예부터 지금까지의 시간관념이 없어졌고, 시간관념이 없어진 뒤에 죽지도 않고 살지도 않는 경지에 들어갈 수 있었다.[39]

---

39   吾猶守而告之, 參日而後能外天下; 已外天下矣, 吾又守之, 七日而後能外物; 已外

도(道)를 깨닫기 위해서 전제가 되는 것은 외물(外物)과 자신에 대한 것을 잊어버리는 것입니다. 여기서 잊는다는 것은 실제로 잊는다는 것이 아니라 외물과 자신을 중요하게 생각하지 않고 그것으로부터 자유로워지는 것을 말합니다. 하지만 장자가 아무리 객관 세계와 주관 세계의 초월을 주장한다고 하더라도 사람은 세계와 유리되어 살아갈 수 없습니다. 사람은 다른 사람들과의 교류를 통해 자신의 존재가치를 확인하고 의미를 부여합니다. 그러므로 그들의 삶은 세계와 사회에 대한 인식 및 이해와 분리될 수 없습니다.

장자는『장자·제물론(莊子·齊物論)』에서 세계와 사회에 대한 제물의 관점을 설명합니다. 장자가 이야기하는 제물은 모든 사물을 하나의 관점에서 바라본다는 것입니다. 즉 이 말의 의미는 모든 것을 도(道)의 관점에서 바라본다는 것입니다. 예를 들어, 가족은 친족보다 우리에게 더 가깝습니다. 하지만 도의 관점에서 본다면 모든 것은 하나의 물(物)입니다. 대상 간의 상호관계가 중요한 것이 아니라, 각각의 도의 관점에서 물(物)은 서로 다른 무게를 가지지 않습니다. 즉 각 대상 간에 가치의 차등을 갖지 않습니다.

物矣,吾又守之, 九日而後能外生; 已外生矣, 而後能朝徹; 朝徹而後能見獨; 見獨而後能無古今; 無古今而後能入於不死不生。『莊子·大宗師』

동양철학의 이해

장자는 현실 세계의 사물은 모두 상대적이고 절대적인 것은 없다고 말합니다. 그러므로 어떤 것도 확정되거나, 규정될 수 없습니다. 따라서 사물 사이에는 크고 작음, 아름다움과 추함, 선과 악, 시비의 구별이 없게 되는 것입니다. 아름다운 것, 아름답지 않은 것 혹은 미녀, 추녀 미남, 추남 등은 장자의 세계에는 존재하지 않습니다. 도(道)의 관점에서는 그저 하나의 물(物)에 지나지 않습니다. 장자는 다음과 같이 말합니다.

> 손가락을 가지고 손가락이 아님을 밝히는 것은 손가락 아닌 것을 가지고 손가락이 손가락 아님을 밝히는 것만 못하고, 말(馬)을 가지고 말이 아님을 밝히는 것은 말이 아닌 것을 가지고 말이 아님을 밝히는 것만 못하다. 천지(天地)도 한 개의 손가락이고, 만물(萬物)도 한 마리의 말이다.[40]

만물은 모두 똑같이 아무런 차별이 없습니다. 이것이 제물론에서 이야기하는 장자의 상대주의적 세계관입니다. 이러한 상대주의적 세계관을 전제해야만 인간은 물아쌍망(物我雙忘)의 경지에

40　以指喩指之非指, 不若以非指喩指之非指也; 以馬喩馬之非馬, 不若以非馬喩馬之非馬也。天地一指也, 萬物一馬也。『莊子·齊物論』

이를 수 있게 됩니다.

만물의 존재는 상대적입니다. 상대적이라는 것은 하나의 사물과 다른 사물이 서로 대립해서 존재하는 것입니다. 이 사물이 존재해야만 저 사물이라는 개념이 존재할 수 있고 저 사물이 존재해야 이 사물이 존재할 수 있습니다.

이와 마찬가지로 유(有)와 무(無), 아름다움과 추함, 선과 악 등모두 서로 대립해서 존재하는 것입니다. 선이 존재하기에 악이 존재하는 것이고, 아름다움이 있으므로 추함도 있는 것입니다. 아름다움이라는 것이 존재하지 않는다면 추함도 존재할 수 없습니다.

또한 사물의 수량도 상대적입니다. 장자는 사물의 대소, 고저,장단과 같은 수량적인 것은 모두 상대적인 것으로 절대적 구분이없다고 생각합니다. 예를 들어, 우리가 10을 가지고 많다고 생각할 수 있습니다. 하지만 누군가 100을 가지고 있다면 상대적으로10은 작아 보입니다. 그렇지만 또 다른 사람이 10,000을 제시하면100은 그에 비해 작은 수량이 되어버립니다. 따라서 많고 적음 혹은 길고 짧음 등도 모두 상대적인 것입니다.

마지막으로 인간의 가치 관념 역시 상대적입니다. 시간의 변화에 따라 과거에 존귀하게 생각되던 것이 오늘날에는 비천한 것으로 변할 수 있고, 이와 반대로 과거에 비천하다고 생각되던 것이

동양철학의 이해

현재에는 존귀한 것으로 여겨질 수 있습니다. 그래서 사물에는 귀천이 없고, 귀천의 관념은 때에 따라서 변하는 것이지 본래부터 귀천이 존재하는 것은 아닙니다.

장자의 관점에서는 인간이 가지고 있는 가치 관념은 절대적 요소가 하나도 없습니다. 때문에 인간의 옳고 그름의 관념 역시 상대적일 수밖에 없습니다. 옳고 그름은 사람에 따라 변하는 것으로 선입견에 큰 영향을 받기 때문입니다. 사람들은 모두 자기가 옳다고 생각하고 다른 사람은 틀렸다고 생각하며, 상대방이 옳을 수도 있다는 점은 논하지 않으려고 합니다.

　　나와 그대가 변론을 한다고 하자. 그대가 나를 이기고 내가 진다면 그대가 과연 옳고 내가 그른가. 내가 그대를 이기고 그대가 진다면 내가 과연 옳고 그대가 그른가. 우리 둘 중에 한 사람이 옳고 한 사람이 그른가. 아니면 우리 둘 다 옳거나 모두 다 그른가. 나도 그대도 알 수 없고, 우리는 누구에게 시비를 가려달라고 하겠는가? 만일 그대와 의견이 같은 이에게 가려달라고 한다면 이미 그대하고 같은데 어떻게 가릴 수 있을까? 또 나와 의견이 같은 이에게 가려달라고 한다면 이미 의견이 나와 같은데 어떻게 가릴 수 있는가? 만일 나와 그대와 의견이 다른 이에게 가려달라고 한다면 이미 나와 그대와는 의견이 다른데 어떻게 가릴 수 있을까? 또 나와 그대와 의견이 같은 이에게 가려달라고 한다면 이미 나와 그대와는 의견이 같은데 어떻게 가릴 수 있을까? 그러니 나와 그대는 다른 사람들은 모두가 알 수가 없는 것이다. 그럼에도 이런 논리를 믿겠는가?[41]

다시 정리하면 절대 자유를 얻기 위한 방법은 좌망(坐忘)과 심재(心齋)이고, 좌망을 위해서 상대적인 세계관이 전제되어야 합니다. 그리고 모든 사물을 도(道)의 관점에서 바라봐야 합니다.

우리가 이것이 옳다고 한다면 다른 것은 그른 것이 되고, 이것도 옳고 저것도 옳다고 한다면 무엇을 구별할 수 있을까요? 이렇게 판단하는 자체가 도(道)로부터 멀어지게 되는 것입니다. 도(道)의 관점에서 본다면 이 자체를 이야기할 필요가 없습니다. 왜냐하면 본래 옳은 것도 또 그른 것도 없기 때문입니다.

---

41 旣使我與若辯矣, 若勝我, 我不若勝, 若果是也, 我果非也邪? 我勝若, 若不吾勝, 我果是也, 而果非也邪? 其或是也, 其或非也邪? 其俱是也, 其俱非也邪? 我與若不能相知也, 則人固受其黮闇, 吾誰使正之? 使同乎若者正之? 旣與若同矣, 惡能正之! 使同乎我者正之? 旣同乎我矣, 惡能正之! 使異乎我與若者正之? 旣異乎我與若矣, 惡能正之! 使同乎我與若者正之? 旣同乎我與若矣, 惡能正之!然則我與若與人俱不能相知也, 而待彼也邪? 『莊子·齊物論』

제4장

불교(佛教)

종교의 정의

중국 철학의 가장 중요한 사상적 자원은 도가와 유가 그리고 불교입니다. 오늘 살펴볼 내용은 그 가운데 불교입니다. 불교는 우리가 잘 아는 것처럼 종교입니다. 불교 이야기를 하기 전에 종교에 대해 먼저 생각해 보겠습니다.

독일의 신학자 폴 요하네스 틸리히(Paul Johannes Tillich)는 종교는 문화의 내용이며, 문화는 종교의 형식이라 말합니다. 종교는 우리의 삶과 매우 가까이에 있고, 또 삶에서 중요한 일부분이기도 합니다.

지금 세계는 언어와 함께 경제, 정치, 문화 등을 공유하고, 서로 다른 문화와 대립하거나 수용하며 새로운 문화를 창조하면서 살아가고 있습니다. 이 가운데 전 세계의 다양한 민족의 문화적 기반이 되는 중요한 요소 중 하나가 종교입니다. 과학이 발달하고 생활이 편해져서 인간의 지식과 지혜가 과거에 비해 비교할 수 없을 만큼 많이 발전했지만, 인간은 문화의 기반이 되는 종교를 떠나서 살 수는 없습니다. 그렇다면 종교란 무엇일까요?

인간은 누구나 과거로부터 미래로 흘러가는 시간의 찰나 속에서 인생을 살고 있습니다. 하지만 그 누구도 인간이 온 곳과 가야 할 곳을 알지 못합니다. 이처럼 그 시작도 그리고 마지막도 알지 못하고, 단 한 번뿐인 인생을 살기에 우리는 많은 좌절과 번민을 하게 됩니다. 이 때문에 고대 신화에서는 인간을 걱정이라고 이름 지었다고 합니다. 인간의 한 번뿐인 삶은 고뇌와 번민이 가득하며, 누구나 그것에서 해방되어 진정한 참된 인생을 살기를 원합니다.

본래 종교의 세계는 어떤 논리로도 설명할 수 없으며 자아를 완전히 절대자에게 귀의시키고 신앙을 통해서만 도달할 수 있는 세계입니다. 그리고 그것을 통해 정신적 번뇌를 씻고 새로운 인간 으로 다시 태어납니다.

한자로 표기한 종교란 원래 모든 것의 으뜸 되는 근본적 가르 침을 뜻합니다. 종(宗)은 '진리를 깨우친 최고의 경지'란 뜻을 가진 중국 불교에서 유래하고 교(敎)는 각각의 양태에 따라 가르침으로 표현한다는 뜻을 지닌 것이므로 '종(宗)' + '교(敎)'의 합성어인 종 교는 근본적 진리를 가르쳐 표현하는 것이라는 의미가 됩니다. 종 교는 영어로 religion인데, 이는 라틴어 렐리기오(religio)에서 유래한 단어라고 합니다. religio는 의례를 의미하며 관습의 외식적 제례란 뜻입니다. 고대 로마의 정치가이자 철학자인 시세로(Cicero)에 의 하면 religio는 '다시 읽다(wieder lesen)'라는 뜻의 re-ligare에서 유래한 단어로서 경전이나 의례문을 반복해서 읽음으로써 엄숙한 예배

동양철학의 이해

나 종교의식을 진행해 가는 것을 말합니다.

4세기경 기독교 수사학자인 락탄티우스(Lactantius)는 religio를 '재결합하다', '함께 묶다'라는 religare에서 유래한다고 주장하며 인간이 신앙의 끈으로 하나님과 묶어졌다는 뜻으로 사용합니다. 기독교 문화권에서는 이 religio의 해석에 따라 신과 인간의 관계가 아담의 죄로 끊어졌다가 예수 그리스도가 탄생하여 죄로 단절된 신과 인간의 관계를 다시 회복했다고 하여 원죄설에서 구원론으로 이어지는 개념으로 해석하게 됩니다. 사실 종교에 대해서는 다양한 정의가 있지만 어떠한 정의도 종교를 온전히 설명할 수는 없을 것입니다.

종교학자인 웹(C.C J. Webb)은 종교의 정의는 무용하며, 불가능하다고 주장합니다. 반면 종교 심리학자인 제임스 로이바(James H. Leuba)는 48개의 종교의 정의를 수집하고, 거기에 자신만의 종교의 정의를 두 가지 첨가해서 50개나 되는 종교의 정의를 제시하고 있습니다. 그 후 종교학자 미르체아 엘리아데(Mircea Eliade), 칼 구스타브 융(Carl Gustav Jung), G. 멘싱(G. Mensching) 등은 다각도에서 종교를 정의합니다. 하지만 이러한 종교학자들의 노력에도 불구하고 종교를 많은 사람들이 납득할 수 있는 개념으로 정의한다는 것은 무리가 있다고 말합니다. 여기에는 몇 가지 이유가 있는데, 첫째는 종교의 정의가 매우 많고, 둘째는 누구나 나름대로 종교관을 가질 수 있기 때문입니다. 또 셋째는 종교를 정의하는 사람이 어떤 종교적 입장에서 정의를 시도하고 있는가에 따라 달라질 수 있고, 넷째로 특정 종교에 대한 편견이 있는 사람의 교리적인 종교관이 종교의 보편성을 제한할 수 있기 때문입니다. 그리고 마지막으로 문화적 차이를 완전히 극복할 수 없는 인간이 타 문화권의 종교 현상을 이해하지 못했을 때 오는 문화적 상위 현상이 종교의 정의를 일반화시킬 수 없기 때문입니다.

이처럼 모든 사람들이 납득할 수 있는 개념으로 종교를 정의 내릴 수는 없었지만, 종교에 관해 일반적인 정의를 해본다면 다음과 같은 관점으로 정리할 수 있습니다.

첫 번째는 종교에 대해 비판적인 차원에서의 정의입니다.

종교를 본질적인 면에서 서술하는 태도보다는 종교에 대한 개인적인 선입견에서 종교를 비판하는 대상으로 삼아서 공격을 시도하고 있다고 볼 수 있습니다. 이러한 관점에 서있는 사람들에게 종교란 무용지물이고, 해로운 대상이 됩니다. 종교 철학자들은 이들의 입장을 종교 철학으로 서술하지만, 엄밀히 말하면 종교 비판론입니다.

프리드리히 엥겔스(Friedrich Engels)는 "모든 종교는 환상적이다."라고 말하였고, 종교 비판의 선봉자였던 마르크스(Karl Heinrich Marx)는 "종교는 인민의 아편이다."라고 이야기합니다. 이들은 모두 사회주의의 사상적 기반을 구축했던 사람들입니다. 그리고 레닌(Lenin, Vladimir Ilich Ul·ya·nov)은 자연과의 투쟁에서 개인의 무력함이 다양한 신들, 마귀들과 같은 신앙을 창출해 낸 것처럼, 착취자에 대한 투쟁 속에서 무력함보다 나은 선택으로 신앙을 창출하게 되었다고 주장합니다. 위와 같은 종교에 대한 정의들은 종교의 보편적인 성격을 배제하고 철저히 계급의식을 바탕으로 종교를 약자의 위안물로 서술하고 있습니다.

이 가운데 마르크스의 종교에 대한 비판이 가장 강력합니다. 그는 종교란 인간이 필요한 환상에 따라 창출해 낸 것이며, 지배 권력을 보강하기 위한 수단 또는 착취의 수단이라고 생각했습니다. 그래서 종교로 인해 지배 계급과 피지배 계급이 생겨났다고 주장합니다. 종교는 지배 계급을 정당화하며 피지배 계급을 순종하게 하려고 지상의 고통과 슬픔을 천당의 보상이라는 교리를 통해 달래며 지배 수단의 보조 기능으로 사용했다고 주장하며, 콘스탄티누스부터 종교는 정치와 야합 착취자의 입장이 된 성직자들의 타락으로 중세를 마감했다고 비판합니다.

두 번째는 주지주의(主知主義)[1]적 차원에서의 정의입니다.

주지주의적 입장에서의 종교 정의는 주로 철학자들의 종교 정의를 말합니다. 철학자들은 종교를 지식의 일종으로 정의하고 있습니다. 헤겔은 "신앙 자체는 지식이고, 만약 신을 믿는다면 신은 나의 의식 속에 존재하는 것이다. 그래서 나는 신에 관해 알게 된다."라고 이야기합니다. 이처럼 철학자들의 일반적 결론은 종교는 자연 현상에 관한 원시인들이 생각했던 지식과 해석이며, 과학적으로 부족하고 불완전한 설명이라는 것입니다.

세 번째는 정서주의적 측면에서의 정의입니다.

종교의 정서적인 면을 강조한 신학자로는 19세기 감정의 신학으로 유명한 독일의 프리드리히 다니엘 에른스트 슐라이어마허(Friedrich Daniel Ernst Schleiermacher)가 있습니다. 그는 종교란 신에 대한 절대 의존의 감정이라고 이야기합니다. 이러한 입장은 특히 프로테스탄트[2] 종교들에서 중요한 역할을 합니다. 절대적인 믿음을 통해 인간은 신의 구원을 받을 수 있을 뿐만 아니라, 하나님과 소

---

1   정이나 정서보다는 지성 또는 이지(理智)를 앞세우는 경향이나 태도.
2   16세기 종교 개혁의 결과로 로마 가톨릭교회에서 떨어져 나와 성립된 종교 단체 또는 그 분파를 통틀어 이르는 말.

동양철학의 이해

통할 수 있으며, 기도와 예배는 그것을 전달하는 것이라고 믿는 입장입니다. 정서주의적 측면의 종교는 인간적 감정이며, 우리 영혼의 상태나 결과로 주어지는 행위입니다. 또한 종교는 자연 질서와 초자연적 현상 간의 관계로부터 생겨나는 인간 정서의 집합이라고 말할 수 있습니다.

네 번째로 주의주의(主意主義)[3]적 차원에서의 정의입니다.

앞서 살펴본 주지주의(主知主義)가 철저히 지성을 통해 현상계를 조명할 수 있다고 주장한다면 이와 대조적으로 주의주의(主意主義)는 의지의 행위를 통해서 세계를 조명하려는 인식론의 한 방법입니다. 종교는 절대 진리를 찾기 위해 체계화된 조직이기 때문에 신에 대한 지식이나 감정만으로는 종교로서의 완전한 조직을 갖출 수 없다고 보는 견해입니다.

성경의 신약(新約)에는 "행함이 없는 믿음은 죽은 것이다."라는 말이 있습니다. 많은 종교학자들은 인간이 어떻게 행위 하는가에 따라서 인간의 종교적 표현을 발견하려 합니다. 이들은 인간이 생각하고 있는 모든 것은 행동으로 나타날 수 있으며, 또 인간이 남

---

3   지성이 아닌 의지를 존재의 근본 원리나 실체라고 보는 사상.

긴 종교를 포함한 모든 문화적 유산은 모두 인간의 의지와 행위가 남긴 결과라고 해석합니다. 이런 학자들에게 종교란 인간의 의지로 드러난 형식일 뿐입니다. 주의주의(主意主義)적 입장에서의 종교 정의를 이야기하는 학자들의 정의를 몇 가지 살펴보면 다음과 같습니다.

> 종교는 하나님의 권능에 대한 삶의 끝없는 관계이다.
>
> (W. E. Hocking)
>
> 종교는 곤궁에 빠진 사람이 그의 존재와 운명이 달려 있다고 생각하는 신비의 능력과 상통하는 것이다. 이것은 의식적이며, 고의적인 관계를 갖는 것을 의미한다.
>
> (Auguete Sabatier)

다섯 번째로 사회적 가치 차원에서의 정의입니다.

많은 종교학자들이 사회적인 가치가 종교의 최고 목적이라고 생각합니다. 그중 덴마크의 종교 철학 교수인 헤럴드 호프딩(Halald Hoffding)은 종교를 가치 보전의 실체라고 생각합니다. 그는 "종교의 본질은 세계의 지속적인 가치를 보존하는 것이다."라고 말합니다. 또 하이든(A. E. Haaydon)은 "종교의 핵심은 사회적 동물인 인간에게 삶의 만족을 줄 수 있는 가치들을 포착하는 것이다."
라고 이야기하며, 종교를 인간의 사회적 가치 표출의 범위로 정의
하고 있습니다. 코우(G. A. Coe) 교수는 사회적 가치 차원에서의 종
교 정의를 더욱 전형적으로 제시하고 있습니다. 그는 종교란 어떤
유형의 유일한 사상적 내용이나 어떤 유형의 특수한 가치로 귀결
되는 것이 아니라, 인간의 가치 판단 내에서 활동하는 일종의 내
재적 운동이라고 이야기합니다. 이러한 입장에서 종교는 기존 사
회의 규범과 가치를 보존하려는 성스러운 행위이며, 그뿐만 아니
라 사회적 가치 자체를 성화(聖化)시키는 기능을 가집니다.

　　인간은 많은 일을 하고, 많은 것을 만들어 내며, 많은 것을 느끼
고 또 말합니다. 하지만 인간은 무엇보다 자기 자신을 사랑하고,
자신에 대해서 알고 싶어 합니다. 그래서 철학적으로 이야기하면
인간은 자신에 대해 생각하며 근본적인 질문을 던지는 실천적 존
재라고 할 수 있습니다. 인간은 자연 세계와 관계를 맺고 과학을
발전시켰고, 사회와 연관 지어 스스로를 설명하기도 합니다. 하지
만 그것만으로는 인간을 완전히 설명할 수 없습니다. 즉 인간을
정의할 수 있는 무언가가 더 존재한다고 생각하는 것입니다.

　　종교는 넓은 의미에서 인간이 관계하는 자연, 우주, 사회 등에
대해 끊임없이 물음을 던지고, 또 그 물음에 답변하는 과정을 통

해 발전해 왔다고 할 수 있습니다. 그러한 물음 가운데에는 인간 스스로에 대한 물음이 있습니다. 이 때문에 종교는 인간이 자기 자신과 우주에 관한 질문으로부터 시작하여 그 질문에 대한 답을 모색하는 노력의 총체라 정의할 수 있습니다. 이 같은 시야의 정의에서 종교는 철학과 매우 유사한 듯 보입니다. 하지만 철학은 주지주의적 측면을 강조하고, 종교는 이성보다 신앙을 강조합니다. 다시 말해 철학은 이성을 종교는 신앙을 그 기반으로 하고 있습니다.

불교의 기본사상과 중관(中觀)

불교 역시 인간과 세계에 대한 근원적 물음에 답을 주는 인간의 어떤 노력이라고 이해할 수 있습니다. 우리는 불교를 아주 가까이 접하고 있지만, 사실 불교가 무엇인지를 제대로 알고 있는 사람은 많지 않습니다. 이 불교를 온전히 이해한다는 것은 매우 어려운 일입니다. 불교의 기본적 이해를 위해 연기(緣起), 중도사상(中道), 사성제(四聖諦)와 무명(無明) 그리고 팔정도(八正道)를 살펴보고, 나아가 대승불교 유파인 중관사상에 대해 알아보겠습니다.

불교는 기원전 6세기경 고대 인도 북부(지금의 네팔 남부)에 정반왕(Śuddhodana)의 아들 싯다르타 고타마(Siddhārtha, Gotama)가 창립한 종교입니다. 후세에 불교도들은 그를 존칭하여 석가모니라고 불렀습니다. 여기서 석가는 종족의 명칭이고, 모니는 존칭을 가리킵니다. 그래서 석가모니는 곧 석가족의 성인이라는 뜻입니다. 석가모니는 6년간의 긴 고행을 통하여 보리수 아래에서 정각(正覺), 즉 올바른 깨달음을 얻게 됩니다. 그리고 그 깨달음의 내용이 연기(緣起)입니다.

연기(緣起)는 불교를 이해하는데 있어 가장 핵심적인 개념입니다. 연기(緣起)는 '말미암아 일어난다'는 뜻으로 어떤 조건에 의해서 발생한다는 말입니다. 이 세상의 모든 것은 실체가 없으며, 절대적인 것, 영원한 것, 무조건적인 것은 있을 수 없습니다. '나'라는 존재가 존재한다는 것은 내가 세상에 독립적인 실체로서 존재하는 것이 아니라, 나의 이름을 불러주는 사람이 있기 때문입니다. 그리고 나의 경험을 통해서 '나'라는 사람의 인격을 구성하게 되고, 다른 사람들과 관계가 연결되어 현재를 살아가게 되는 것입니다. 즉 모든 것은 조건에 의해 발생하게 됩니다. 사람뿐만 아니라 사물도 마찬가지입니다. 따라서 이 세상에 존재하는 그 어떠한 것들도 연기(緣起)의 법칙을 벗어난 것은 찾을 수 없습니다. 우리는 흔히 현재의 나는 과거의 나의 결과이고, 또한 미래의 나의 원인이라고 이야기합니다. 모든 것은 원인과 결과로 이루어져 있습니다.

불교를 이루는 삼보(三寶)는 불(佛), 법(法), 승(僧)입니다. 불(佛)은 불가(佛家)의 창시자인 석가모니와 일체 불을 지칭하는 말이고, 법(法)은 석가모니가 가르친 교리이며, 승(僧)은 석가모니가 설립한 교단을 이야기합니다. 이 가운데 불교의 근본 사상은 석가모니의 법(法)을 기록한 아함경(阿含經)에 잘 드러나 있습니다. 서두에서 종교의 정의를 이야기할 때, 인간이 인간의 존재에 대한 근본적인 물음을 던지고, 종교는 그것에 대해 답변하는 과정이라 이야기했습니다. 그리고 종교는 으뜸 되는 가르침을 전하는 것이라고 하였습니다. 부처가 인간과 세계에 관해 답변하는 내용이 바로 아함경(阿含經)에 담겨있습니다.

아함경(阿含經) 핵심 내용의 첫 번째는 연기(緣起)입니다. 두 번째는 중도(中道), 세 번째는 사성제(四聖諦) 그리고 네 번째는 팔정도(八正道)입니다.

연기(緣起)는 세계가 존재하는 형태, 드러나는 모습 그 안에 있는 근본적인 진리를 말합니다. 그리고 그것을 깨닫는 데 필요한 것이 중도(中道)의 사상입니다. 석가는 출가 이전 왕궁에서의 쾌락

동양철학의 이해

적 삶과 출가 초기 고행 주의적 수행을 함께 경험합니다. 하지만 비록 정신적 부문과 육체적 부문이 유기체로서의 인간 안에서 상응하여 일어나는 현상이라 하더라도, 깨달음이라는 정신적 성취는 결코 육체적 변화의 연장선에 존재하는 것이 아니라는 사실을 알게 됩니다. 석가는 대립적 현상은 대립하고 있는 대상 그 자체의 성격에서 비롯되는 것이 아니라, 대상에 대한 인간 마음의 작용 양식에서 비롯된다는 것을 깨닫게 됩니다. 그리고 나아가 깨달음이란 마음의 문제이며 극단화된 마음의 작용에서는 그것이 불가능하다는 것을 알게 됩니다. 따라서 석가는 극단으로 치달리지 않는 안정된 마음을 유지하는 행법을 이야기합니다. 그리고 이것이 깨달음을 얻는 과정에서 가장 중요한 원칙이라 주장합니다.

사성제(四聖諦)는 중도를 바탕으로 석가모니가 깨달은 네 가지 성스러운 진리를 말합니다. 즉 고통과 고통의 원인, 고통의 소멸과 고통을 없애는 고(苦), 집(集), 멸(滅), 도(道)를 이야기합니다.

그리고 인간이 고통을 벗어나 해탈한 최고의 경지를 열반(涅槃)이라 하며, 이 열반에 이르기 위해 수행해야 하는 여덟 가지 덕목이 팔정도(八正道)입니다.

석가모니는 보리수 아래에서 고행을 통해 깨달음을 얻고자 노력하였습니다. 첫 고행의 과정에서는 7일간 한 끼만 먹고 매우 고통스러운 시간을 보냅니다. 이것을 6년 동안 지속하는데, 몸이 수척하여 생김새가 마른나무처럼 되었지만, 얻은 것은 하나도 없었다고 이야기합니다. 하지만 이렇게 쇠약한 몸으로는 진리를 구할수가 없다고 생각한 그는 약간의 음식을 먹은 후 결가부좌[4]를 하고 다시 앉았습니다. 깊은 명상에 빠지기를 7일 마침내 인생의 고통 근원이 인식 상에서의 무명(無明)과 사상에서의 번뇌에 있음을 깨닫게 됩니다. 무명(無明, Avidya)은 밝지 못하다는 것이고, 연기(緣起)에 밝지 못해서 진리를 깨닫지 못하는 마음 상태를 말합니다. 마침내 석가모니는 인생에서 고통의 근원은 우리가 연기(緣起)에 밝지 못하기 때문이고, 그로 인해 얻게 되는 것이 번뇌라는 것을 깨달은 것입니다. 그럼, 아함경의 내용에 대해 보다 자세히 알아보도록 하겠습니다.

연기(緣起)

제행무상(諸行無常), 제법무아(諸法無我), 일체개고(一切皆苦)의 삼법인(三法印)은 세계를 바라보는 불교의 가장 기본적인 관점입

---

4   가부좌의 자세로 앉는 좌법을 가리키는 불교 용어.(『한국민족문화대백과』)

동양철학의 이해

니다. 제행무상(諸行無常)은 세상 모든 행위는 늘 변하여 한 가지 모습으로 정해져 있지 않다는 것입니다. 우리가 일반적으로 가지는 집착, 탐진치(貪瞋癡)⁵ 이러한 것들의 전제는 변하지 않을 것이라는 잘못된 생각입니다. 우리는 원하는 대상이 영원할 것처럼 생각하지만 세상에 존재하는 모든 것들은 변하게 됩니다. 영원할 것만 같았던 어떤 대상과 사물, 감정 등이 계속 변해가는 것을 보면서 조금씩 더 깊게 깨닫게 되는 것입니다. 그다음에 깨닫게 되는 것은 제법무아(諸法無我)입니다. 무아(無我)는 '나'라는 존재가 없는 것입니다. 무상(無常)과 연결해서 이해하면 사물이 변하는데, 내가 변하지 않을 수가 없는 것입니다. 나이를 먹고, 수많은 경험을 하면서 새로운 가치관이 만들어지고, 자신 스스로도 끊임없이 육체적으로나 정신적으로 변화하고 있다는 것입니다. 그래서 세상이 변하고 나 자신도 변하는 것입니다. 하지만 인간은 무상(無常)과 무아(無我)를 깨닫지 못해서 번뇌를 얻게 됩니다. 그러므로 이 현실 세계는 모두 고(苦)라고 하는 일체개고(一切皆苦)의 결론에 도달하게 됩니다.

---

5 탐욕(貪慾), 진에(瞋恚: 미워하고 성내는 것), 우치(愚癡: 현상이나 사물의 도리를 이해할 수 없는 어두운 마음)

종교의 어원에서 이야기했던 으뜸 되는 가르침이라는 것은 이처럼 세상을 구성하고, 세상과 인간을 움직이는 규칙이라고 말할 수 있습니다. 종교에서 가르쳐주는 가장 기본적인 세상에 대한 이해는 나와 세상은 서로 변하고 있으며 그 법칙은 연기(緣起)라는 것입니다. 그렇다면 이러한 내용이 왜 가장 중요한 가르침이 될까요?

만일 우리가 세상을 살아가는데 연기(緣起)를 이해할 수 있다면 변화하는 세계와 나의 모습을 객관적으로 바라볼 수 있게 될 것입니다. 그리고 그것을 통해 우리가 알고 있는 세상의 틀 속에서 자유로워질 수 있을 것입니다. 도가의 장자가 이야기했던 절대 자유인 소요(逍遙) 그리고 부처가 이야기하는 무명에서 벗어나 불성을 깨닫는 열반(涅槃) 이런 것들은 모두 같은 맥락에서 세상으로부터의 자유라고 이야기할 수 있습니다. 그리고 이것은 인간의 질문에 대한 부처의 대답입니다.

그럼 연기(緣起)에 대해서 조금 더 구체적으로 살펴보겠습니다. 연기의 내용은 모든 것은 인과(因果)의 조건이 상호 관계하여 성립되기 때문에 독립적이고, 자주적인 것은 하나도 없으며, 원인이 없으면 결과도 없다는 것입니다. 내가 욕심냈던 물건을 보지 않았다면 그 물건을 욕심내지 않았을 것이고, 또한 내가 그 물건을 욕심내지 않았다면 그 뒤에 이어지는 행위가 없었을 것이라는 논리입니다. 그로 인해 나의 생을 바꾸고, 세계를 바꾸는 현상과 연쇄 작용들은 없었을 것이라는 가장 기본적인 법칙입니다. 이 세상에 존재하고 드러나는 일체의 현상, 즉 생기(生起)와 소멸(消滅)의 법칙이 바로 연기(緣起) 입니다. 중생이 삶과 죽음에 의해 유전의 고통을 받는 연기를 유전연기(流轉緣起), 수행을 통해 해탈로 향하는 연기를 환멸연기(還滅緣起)라고 합니다.

앞에서 석가의 깨닭음인 고(苦), 집(集), 멸(滅), 도(道)의 사성제(四聖諦)를 이야기 하였습니다. 이것을 연기에 대입하면 고제(苦諦)와 집제(集諦)는 유전연기가 되고, 멸제(滅諦)와 도제(道諦)는 환멸연기가 됩니다.

중도(中道)

중도(中道)는 대립적인 현상을 바라볼 때, 대립하고 있는 대상의 자체적인 특성에서 비롯되는 것이 아니라, 그러한 대상에 대한 인간의 마음 작용에서 비롯된다는 것을 깨닭는 것입니다. 인간의 마음은 항상 어떤 대상을 바라볼 때, 극단까지 치달리게 되는데, 이러한 마음으로는 깨달음을 얻을 수 없습니다. 이처럼 극단까지 치달리는 마음의 성질을 장자는 '외치(外馳)'라고 말합니다. 즉 인간의 마음은 항상 바깥으로 달려 나가려는 경향이 있고, 그 욕망은 끝을 모르고 달려 나가기 때문에 이러한 마음으로는 깨달음을 얻을 수 없습니다. 그래서 불교에서 이야기하는 중도(中道)는 대상의 양극단 균형을 지향하는 것이 아니라, 내 마음이 달려 나가는 것에서 균형을 잡고, 극단적으로 치달리지 않는 안정된 마음을 유지하는 것을 말합니다.

많은 사람들은 불교를 마음의 철학, 마음의 종교라고 이야기합니다. 불교는 마음으로 모든 것을 설명하는 종교입니다. 이 세상역시 마음에 모습이 드러난 것으로 모든 것이 마음과 연관이 되어있다고 설명하고 있습니다. 그래서 이 마음의 내부에서 일어나는것을 잘 이해하고, 장악하는 것이 가장 중요한 문제가 됩니다. 그리고 그것의 출발점은 중도(中道)입니다.

사성제(四聖諦)

석가모니의 아버지인 정반왕은 "싯다르타가 출가하지 않으면전륜성왕이 될 것이고 출가한다면 부처가 되어 세상의 중생을 구제할 것이다."라는 예언을 듣고 아들이 자신의 뒤를 이어 왕이 되기를 바랐습니다. 그래서 그는 싯다르타에게 바깥의 어두운 모습을 보여주지 않기 위해 궁궐 밖의 출입을 금하게 됩니다. 하지만 싯다르타는 결국 네 개의 성문에서 각기 인간의 생로병사를 목격하고 인간이 피할 수 없는 절대적 운명에 대해 생각하게 됩니다. 늙고 병들고 죽어가는 모습을 보게 된 싯다르타는 북쪽 성문에서 법복을 입고 한 손에는 지팡이를 다른 한 손에는 바리때를 든 어느 사문을 발견하게 됩니다. 싯다르타가 종에게 사문에 관해 묻자, 사문이란 도를 닦는 사람으로 집과 처자를 버리고, 애욕을 버리고, 6정을 끊고 선정을 얻으면 근심과 고통을 면하고 삶과 죽음에 자재한다는 대답을 듣게 됩니다. 이 말에 싯다르타는 큰 울림을 받아 출가를 결심하게 됩니다.

석가모니가 인간의 삶을 보고 깨달은 것은 인생의 모든 현상은 두 측면을 가진 네 가지 정황이 아닌 것이 없다는 것입니다. 여기에서 두 측면은 염오(染汚)와 청정(淸淨)입니다. 그리고 네 가지 정황은 고(苦), 집(集), 멸(滅), 도(道)인데, 염오는 고(苦), 집(集)을 포괄하고, 청정은 멸(滅), 도(道)를 포괄합니다. 고(苦)는 고통이라는 현상, 집(集)은 고통을 낳는 원인, 멸(滅)은 고통을 없앤 결과, 그리고 도(道)는 고통을 없애는 방법입니다. 깨달음의 출발은 고통이며, 그 끝은 고통을 없애는 것입니다.

한 불교학자는 고통이란 나의 마음이 원하는 것과 세상이 어긋나 있는 상태라고 이야기합니다. 우리는 항상 그러한 상태에 놓여 있습니다. 내가 원하는 대로 모든 세상이 돌아가지 않고, 또 내가 원하는 것을 다 얻을 수도 없습니다. 우리는 자식을 키우며 자식 교육이 정말 어렵다고 이야기합니다. 사실 자식을 원하는 대로 공부시킬 수 없는 것 그것이 고통인 것입니다. 이 고통을 부모라는 존재는 벗어날 수 없습니다. 왜냐하면 나(我)라는 것이 존재하기 때문입니다. 모든 것을 나의 기준으로 바라보면 내가 원하는 것이 생겨나게 되고, 그것이 세계와 갈등을 일으키게 됩니다. 그리고 인간의 삶은 그 갈등의 연속으로 고통스러울 수밖에 없습니다.

불교는 이 같은 고통의 원인을 무명(無明)에서 찾고 있습니다. 그리고 고통의 바탕이 되는 것은 업(業, Karma)입니다, 업은 보통 행위 또는 행동으로 표현되지만 실제로는 유정의 말과 생각을 포괄하여 훨씬 더 광범위하게 쓰입니다. 불교에서는 우주의 모든 현상, 즉 각각의 유정(有情)들이 우주에 나타나는 모든 현상을 자기 마음의 표현으로 생각합니다. 유정이 행위하고, 말하고, 생각할 때, 그의 마음이 그 무엇을 하고 있으며, 그 무엇이 원인이 되어 아무리 먼 미래라고 하더라도 반드시 그 어떤 결과를 초래한다고 생각합니다. 그리고 그 결과를 업의 응보(應報)라고 말합니다. 이는 앞의 연기(緣起)에서 이야기한 원인과 결과와도 같습니다. 인간이

하는 모든 행위는 반드시 그 결과를 초래하게 되는데, 업(業)은 원인이며, 응보가 결과입니다. 모든 개체는 인과(因果)의 연속된 고리로 생겨나고, 현생(現生), 즉 지금 살아가는 삶은 바로 이러한 인과응보의 전 과정 중에 한 국면일 뿐입니다. 다시 말해 현생이란 업(業)을 쌓아가는 과정인 것입니다.

불교에서 또 한 가지 자주 언급하는 개념이 윤회(輪廻, Samara)입니다. 불교에서 죽음은 자기 존재의 끝이 아닌 그 인과응보 과정의 또 다른 국면입니다.

인간은 자신이 알지 못하는 것에서 공포를 느낍니다. 만일 아무것도 없이 칠흑같이 어두운 공간에 사람을 밀어 넣으면 그 사람은 처음 경험하는 공포를 느끼게 됩니다. 왜냐하면 그 공간 안에 무엇이 있는지 모르기 때문입니다. 그래서 손을 앞으로 뻗으면서 무엇인가를 계속 잡으려고 합니다. 그리고 무엇인가 잡을 것이 생기면 안도하게 됩니다. 무엇인가를 잡았다는 것은 어떤 것을 알게 된 것이니까요. 종교는 인간이 알지 못하는 죽음에 대한 내용을 우리에게 설명해 줍니다.

불교에서는 현재 나의 존재는 과거에 행한 일들의 결과로부터 유래했으며, 또 현재에 행한 일들은 후세에 자기가 어떻게 존재할까를 결정하게 된다고 말합니다. 아마 지금 나의 모습은 분명히 과거 내가 행했던 모습들이 쌓여서 만들어졌을 겁니다. 죽은 다음에도 이러한 과정은 지속되게 됩니다. 즉 삶의 과정에서 쌓은 업에 의해 죽은 다음에 응보를 받고 다시 그 결과에 따라 환생하게됩니다. 만약 선업(善業)을 많이 쌓으면 다시 인간으로 환생하게되고, 악업(惡業)을 많이 쌓게 되면 인간이 아닌 다른 존재로 환생하게 됩니다. 그리고 이러한 과정은 연속적으로 무한히 진행됩니다. 이 인과응보의 고리가 바로 윤회(輪廻) 입니다.

그러면 영원히 죽지 않고 무한히 진행되는 윤회(輪廻)는 과연인간에게 좋은 것일까요? 단순히 윤회를 깨달은 사람이 선업(善業)을 쌓아서 또다시 인간으로 태어나는 것은 좋은 것이 아니겠냐고 이야기할 수도 있겠지만, 과연 인간으로 사는 삶은 행복한것일까요? 또 인간으로서 계속 환생하게 되면 계속해서 삶에서의 고통을 얻어야 하고, 업(業)을 쌓게 됩니다. 만약 이와 같은 일이 끊임없이 반복된다면 살아 있는 것 자체도 고통의 연속일 것입니다. 그러므로 불교에서는 삶을 고통, 즉 일체개고(一切皆苦)라고 이야기합니다, 이러한 고통의 장으로 다시 환생해서 던져지는것을 행복이라고 이야기할 수는 없을 것입니다. 그래서 이 윤회는각 유정(有情)의 고통이 되는 주요 근원이 됩니다.

열반(涅槃, Nirvana)이라는 말을 들어봤을 겁니다. 열반은 이와 같은 윤회의 고리를 끊는 것입니다. 그리고 부처가 된다는 것은 윤회의 고리를 끊는 깨달음을 얻는 것입니다. 기독교에서는 천당과 지옥의 개념으로 죽음을 설명하는데, 불교에서는 윤회로 설명합니다. 이러한 윤회의 과정을 끊는 것이 열반이며, 피안(彼岸)의 세계에 도달하는 것입니다.

불교에서는 일체개고(一切皆苦)를 8고(苦)로 설명합니다. 먼저 8고(苦)에서 생고(生苦)는 사람이 모태(母胎)에 있을 때부터 출생할 때까지 받는 괴로움을 이야기합니다, 노고(老苦)는 늙어가는 괴로움을 말합니다. 삶은 늙어가는 과정이고 죽음을 향해 달려가는 과정이지만, 우리는 인식하지 못하고 살아갈 뿐입니다. 그것을 인식했을 때 우리는 삶 자체가 계속되는 고통이었다는 것을 깨닫게 됩니다. 병고(病苦)는 병 때문에 겪는 괴로움을 이릅니다. 우리는 살면서 이 병고를 면하기는 쉽지 않습니다. 인간의 고통 가운데 가장 기본적인 요소 중의 하나입니다. 사고(死苦)는 죽음에 대한 고통입니다. 앞의 네 가지는 인생의 생노병사를 말합니다.

그 다음으로 원증회고(怨憎會苦)입니다. 사람들에게는 객관이나 주관 두 방면에서 모두 좋아하지 않는 대상이 있습니다. 하지만 원수나 증오하는 사람 또는 그런 일은 원치 않아도 만나게 되고, 싫어하는 일이 여기저기에 흩어져 있어서 반드시 부딪히게 됨으로써 고통받게 됩니다. 또 이와 반대로 애별리고(愛別離苦)가 있습니다. 앞의 원증회고(怨憎會苦)는 싫어하는 측면을 말하고, 애별리고(愛別離苦)는 좋아하지만 이루지 못하는 것, 만나고 싶고, 같이 있고 싶은데 그렇게 하지 못한 것으로 인해 받는 고통을 말합니다. 이 또한 살아가면서 누구나 경험하는 고통입니다. 구부득고(求不得苦)는 사람들의 욕구, 욕망, 사랑 등이 만족에 이르지 못하는 것을 말합니다. 심지어 간절히 구해도 얻을 수 없기도 하고, 구하는 것이 그 도를 더할수록 얻을 수 없기 때문에 고통이 커지게 됩니다.

마지막은 오취온고(五取蘊苦)[6]입니다. 온(蘊)은 모여서 쌓였다는 의미로, 내용은 복잡하나 성질이 서로 같은 것을 한 종류로 묶어서 온(蘊)이라고 말합니다. 그리고 오온(五蘊)은 사람을 가리킵니다. 즉 몸과 마음을 모두 포괄하여 색(色, 물질로서의 육체), 수(受, 감각기관이 일으키는 감정), 상(想, 이성활동), 행(行, 의지활동), 식(識, 앞의 활동을 통하는 의식)의 5가지 사람을 구성하는 성분을 이야기 합니다. 오온은 취(取, 집착적 탐애)와 더불어 여러 종류의 탐욕을 일으키는데 이것을 오취온고라고 합니다. 오취온(五取蘊) 때문에 고

---

6   오성음고(五盛陰苦)와 동의어.

동양철학의 이해

(苦)를 일으키게 되면 앞에 언급한 7고(苦)가 오온을 공격해 사람의 몸과 마음은 고통으로 가득 차게 됩니다. 결국 오취온고(五取蘊苦)는 인간이기 때문에 겪을 수밖에 없는 고통의 총체라고 이해할 수 있습니다. 오취온고는 앞의 7가지 고통이 쌓여서 얻는 고통으로 모든 괴로움은 오온(五蘊)으로 귀결됩니다. 불교에서는 구부득고(求不得苦)가 앞의 6종 고통의 전체원인이고 구부득(求不得)이 고통이 되는 이유는 오취온(五取蘊) 때문이라 설명합니다.

무명(無明)과 팔정도(八正道)

앞서 언급했듯 불교에서는 인간의 현생은 고통이며, 고통의 원인은 연기(緣起)를 알지 못하는 무명(無明)에서 비롯된다고 말합니다. 우주의 모든 사물은 마음이 잠깐 나타난 것으로서 혼란스럽고 또 일시적입니다. 그런데도 나의 존재는 끊임없이 사물에 집착하고 열망합니다. 이 근본적인 무지를 무명(無明, Avidya)이라고 하며 무명에서 생(生)에 대한 집착과 열망이 생기고 이 때문에 개체는 영원한 윤회에 얽매이게 되어 결코 그것을 벗어날 수가 없게 됩니다. 사람들은 모든 사물이 자성(自性)을 가지고 있다고 생각합니다. 하지만 불교에서는 유정(有情)을 포함한 사물의 자성(自性)을 부정합니다. 세상은 제행무상(諸行無常), 제법무아(諸法無我)라고 하였으니 변하지 않는 자성(自性)이 있다고 할 수 있을까요? 사물의 성질은 고정되지 않은 것으로 세상의 변화를 따라 그 성(性)도 계속해서 변하고 있을 것입니다. 그런데도 나의 존재는 끊임없이 사물에 집착하고 열망합니다. 불교는 인간의 삶을 십이연기(十二緣起)로 설명합니다. 십이연기(十二緣起)는 무명(無明), 행(行), 식(識), 명색(名色), 육처(六處), 촉(觸), 수(受), 애(愛), 취(取), 유(有), 생(生), 노사(老死)를 지칭하는데, 태어나서 죽을 때까지 생로병사의 순환 과정입니다. 십이연기(十二緣起)의 내용은 다음과 같습니다.

인간의 삶 속에서 무명(無明)은 사제(四諦)와 연기(緣起) 등의 올바른 세계관, 인생관을 모르는 것을 말합니다. 우리의 삶에서 고뇌와 불행이 일어나는 근본 원인은 올바른 세계관과 인생관을 가지고 있지 않기 때문입니다. 행(行)은 신체적 행위, 사고행위, 언어행위 등으로 모든 행위는 그 행위 후에 사라지는 것이 아니라, 우리 속에 축적, 보존되는 것으로 행(行)은 무지로부터 일어나는 것이기 때문에 필연적으로 윤회(輪廻)의 원인으로서의 업(業)을 가리킵니다.

식(識)은 인식 판단의 의식작용임과 동시에 인식 판단의 주체입니다. 명색(名色)은 앞에 나열한 식(識)의 대상으로서 인식된 물

동양철학의 이해

질(色)과 정신(名)을 가리킵니다. 그리고 육처(六處)는 눈, 귀, 코, 혀, 몸, 뜻의 육근(六根)을 갖추어 태어나는 것을 이르고, 촉(觸)은 객관과 주관의 접촉 감각으로, 근(根)과 대상과 식(識)이 서로 접촉하여 생기는 정신 작용을 이릅니다. 수(受)는 근(根)과 대상과 식(識)이 화합하여 생긴 고락(苦樂) 등의 감수작용(感受作用)을 말하고, 애(愛)는 맹목적인 사랑을 취(取)는 싫어하는 것을 버리고, 좋아하는 것을 취하는 취사선택의 행동이고, 유(有)는 취사선택의 행위가 계속되고 선악의 업(業)이 축적되어 잠재력으로 자리 잡은 것을 말합니다. 생(生)은 내세의 생이라 할 수도 있으며, 시시각각으로 변화하여 새롭게 나타나는 모습을 생이라 할 수도 있으며, 마지막 노사(老死)는 인간이 태어나서 반드시 늙고 죽게 되는 자연적인 사실과 노사와 관련된 고통을 가리키며, 모든 인간고의 총칭이기도 합니다.[7] 무명(無明)으로부터 시작된 인간의 삶은 노사(老死)로 나아가는 과정속에 끊임없는 고통을 경험하게 됩니다.

인간 삶의 고통 근원이 무명(無明)이라면 고통을 소멸하는 방법은 무명(無明)을 깨닫는 것일 겁니다. 불교에서는 윤회를 끊고 깨

---

[7]　십이연기(十二緣起)의 내용은 두산백과 두피디아의 내용을 일부 참고하여 수정함.

달음을 얻기 위해 노력합니다. 이러한 실천과 노력을 통해 나의 존재가 수많은 환생을 거치는 동안 사물에 집착하거나 열망하지도 않고도 선업(善業)을 쌓을 수 있고, 이 선업(善業)을 소유한 나는 생사의 수가 바뀌는 윤회에서 벗어나게 되는 것입니다. 그리고 그 경지가 바로 열반(涅槃)이며, 이것이 바로 불교의 큰 종지(宗旨)입니다.

열반에 도달하기 위해 우리는 무엇을 어떻게 해야 하는 것일까요? 아함경에서는 팔정도(八正道)를 이야기하고 있습니다. 팔정도(八正道)는 내 안에 있는 불성을 깨닫고 부처가 되기 위해서 가야 하는 정견(正見), 정사유(正思惟), 정어(正語), 정업(正業), 정명(正命), 정정진(正精進), 정념(正念), 정정(正定)의 8개의 바른길입니다.

정견(正見)은 그 시작으로 사성제(四聖諦)를 바로 보는 것입니다. 정사유(正思惟)는 바른 생각이라는 뜻이며, 바른 마음가짐으로 이치에 맞게 생각하는 것입니다. 그러한 생각이란 윤회를 끊는다는 것입니다. 정어(正語)는 바른말을 하는 것이고, 정업(正業)은 바른 행위 그리고 정명(正命)은 바른 직업을 갖는 것입니다. 정정진(正精進)은 바른 노력을 기울여서 악과(惡果)를 쌓지 않고, 그 업(業)을 소멸시켜 무명(無明)에서 벗어나기 위해 끊임없이 노력하는 것입니다. 그러기 위해서는 정념(正念), 즉 바른 의식을 가지고, 정정

(正定), 즉 바른 명상으로 마음을 한 곳에 집중하여 마음의 평정을 찾아야 합니다. 이처럼 정(正)은 있는 그대로 진리를 따르는 바른 길로 고통을 철저히 관찰하고 거기에서 벗어나는 것을 이야기합니다.

중관(中觀)

인도 대승불교 사상의 양대 산맥은 중관사상(中觀思想)과 유식사상(唯識思想)입니다. 중관은 용수(龍樹, 나가르주나: 150년경~250년경)와 그의 제자 제바(提婆)에 의해 유식은 무착(無着, Asanga)과 세친(世親, Vasubandhu)의 두 형제에 의해 성립됐습니다. 대승불교의 철학사 흐름에서 용수의 중관학파와 무착의 유식학파는 쌍벽을 이루고 있으며, 현재까지도 이 두 개의 파가 세계 불교철학의 주류를 이루고 있다고 볼 수 있습니다. 그럼 중관사상에 대해 알아보겠습니다.

용수는 불교의 초기 경전을 연구하여 부처의 중도사상인 중관(中觀)을 깊게 연구했고 대승불교의 핵심 사상인 공을 통해 공(空), 연기(緣起), 중도(中道)가 같다는 이론을 정립합니다. 그리고 용수가 저술한 중론을 기초로 한 중관학파는 부파불교의 중심 개념인

법의 실체 성을 허물어 버리고 존재와 인식을 통일하는 공개념을 통하여 세계를 총체적으로 설명하고 있습니다. 불교에 대해 잘 모르는 사람이라도 반야심경(般若心經)이라는 이름은 한 번쯤 들어 봤을 겁니다. 노자의 도덕경(道德經)이 5천 자인데, 반야심경(般若心經)은 약 260자 정도의 짧은 경문입니다. 이 반야심경에는 다음과 같은 구절이 있습니다.

색즉시공(色卽是空) 공즉시색(空卽是色)
수상행식(受想行識) 역부여시(亦復如是)

위의 구절을 풀이하면 '색(色)이 곧 공(空)이고, 공(空)이 곧 색(色)이다. 수상행식(受想行識)도 그러하다'라는 의미입니다. 그런데 여기서 이야기하는 색(色), 수(受), 상(想), 행(行), 식(識)은 오온(五蘊)이기 때문에 이 구절은 '오온이 그대로 공이고 공이 그대로 오온이다'로 풀이됩니다. 그리고 오온이란 나와 나를 둘러싼 이 세계의 모든 것을 가리키기에 이 구절은 다시 '모든 것이 그대로 공이고, 공이 그대로 모든 것이다'로 이해할 수 있습니다. 여기에서 공(空)이라는 개념은 무(無)와 다릅니다.

공(空)이라는 말은 범어 śūnya를 번역한 것으로 텅 비어 있음을 의미합니다. 따라서 모든 것이 공이라고 하는 것은 모든 것이 그 대로 텅 비어 있다는 의미가 됩니다. 반야심경에서는 궁극적인 경지인 열반의 경지는 공(空)의 경지이고, 여기에는 오온(五蘊), 12처(十二處)[8], 18계(十八界)[9], 12연기(十二緣起), 사성제(四聖諦)가 모두 없다고 이야기합니다. 오온이나 12처, 18계는 모두 세상만사에 대한 불교적 분류 방식들입니다. 동일한 세상만사를 간략히 분류하면 오온이 되고, 더 세분하면 12처가 되며, 좀 더 세분하면 18계가 됩니다. 오온, 12처, 18계설은 모두 부처님께서 무아(無我)의 진리를 설하기 위해 사용한 교리들이었습니다. 또 12연기와 사성제(四聖諦)는 깨달음과 관계되는 부처님의 가르침입니다. 그런데 궁극적 경지에는 오온, 12처, 18계와 같은 세상만사는 물론이고, 12연기와 사성제와 같은 불교의 핵심 교리조차 없다고 말하고 있습니다. 겉보기에 이 세상도 부정하고 부처님의 가르침조차 부정하는 듯합

---

8   안처(眼處), 이처(耳處), 비처(鼻處), 설처(舌處), 신처(身處), 의처(意處)의 육근(六根)과 색처(色處), 성처(聲處), 향처(香處), 미처(味處), 촉처(觸處), 법처(法處)의 육경(六境)의 총 12가지의 분류 또는 분석하는 법체계이다. (운허, 『불교 사전』, 동국역경원.)

9   불교에서 인간과 그 밖의 모든 존재 속의 인식 작용을 18가지 범주로 나눈 것으로 육근(六根), 육경(六境), 육식(六識)을 합한 것이다. 6근과 6경을 연(緣)으로 하여 생기는 6가지 마음의 활동, 즉 안식(眼識), 이식(耳識), 비식(鼻識), 설식(舌識), 신식(身識), 의식(意識) 등은 6식이라 한다. (두산백과 두피디아 참고.)

니다. 그렇다면 『반야심경』에서는 어째서 이렇게 세상만사가 텅 비어 있고 불교의 핵심 교리들이 모두 없다고 부정하는 것일까요?

부처님의 가르침은 흔히 뗏목에 비유됩니다. 세찬 물살이 흐르는 강을 건너기 위해 우리에게는 뗏목과 같은 배가 필요합니다. 강의 이쪽 언덕은 지금 우리가 살고 있는 윤회의 세계에 비유되고, 강의 저쪽 언덕은 열반의 세계에 비유됩니다. 윤회의 언덕[此岸]에서 열반의 언덕[彼岸]으로 건너가기 위해 우리는 뗏목과 같은 부처님의 가르침에 의지해야 합니다. 그런데 뗏목을 타고 강을 건널 경우 뗏목에서 내린 후 저쪽 언덕으로 올라야 강을 건너는 일이 끝나듯이, 불교 신행 자의 경우 역시 부처님의 가르침이라는 뗏목을 타고 피안의 열반에 도달한 후 그 가르침의 뗏목에 집착하지 말아야 합니다. 저쪽 강기슭에 도착했는데도 뗏목을 타고 있으면 아직 열반의 언덕에 완전히 도달한 것이 아닌 것이 됩니다. 왜냐하면 진정한 열반의 언덕에는 부처님의 가르침조차 존재할 수가 없기 때문입니다. 그래서 『반야심경』에서는 궁극적 경지인 열반의 경지, 다시 말해 공의 경지에는 '오온도 없고, 12처도 없고 … 사성제도 없다'라고 말하는 것입니다. 이러한 논리적 분석으로 세상만사를 설명하는 불교 교학의 한 분야를 중관학(中觀學)이라 부릅니다.

동양철학의 이해

앞서 언급한 것처럼 중관학은 대승불교의 아버지라 불리는 용수에 의해 창안되었습니다.

부처가 열반하시고 500여 년이 흐른 후 부처의 가르침을 정리하는 과정에서 서로 다른 의견들이 생겨나 인도불교 내에서 약 20종의 교단이 난립하게 되었습니다. 이들의 불교는 종파적 성격을 갖는다는 점에서 부파불교(部派佛敎), 경전을 체계적으로 해석한다는 점에서 아비달마[10]불교(阿毗達磨佛敎, Abhidharama Buddhism), 대승불교에서 비판의 대상으로 삼았다는 점에서 소승불교라고 불렸습니다. 이 가운데 아비달마 불교는 『아함경』 등에 흩어져 있는 부처님의 가르침을 일목요연하게 체계화했다는 점에서 긍정적 의미를 가지고 있습니다. 하지만 각 부파마다 자신들이 구성한 교학 체계만이 진리라고 고집하는 경우 진정한 부처의 가르침은 무엇인가라는 문제가 생기게 됩니다. 이 부분은 바로 앞에서 이야기했던 '가르침의 뗏목'에 대한 집착에 비유됩니다. 중관학의 창시자인 용수가 비판의 대상으로 삼았던 것은 바로 이들의 아비달마 교학이었습니다. 용수는 반야경의 공사상과 『아함경』의 연기사상

---

10   아비달마는 아비(abhi)와 달마(dharma)의 복합어로 대법(對法), 승법(勝法)으로 번역된다. 붓다의 가르침에 대한 설명, 법에 대한 해석, 또는 위대한 법, 뛰어난 법이라는 의미이다. (최천규 외 59인, 『학문명백과 : 인문학』, 형설출판사)

에 토대로, '중관적 논법'을 창안한 후 이를 통해 갖가지 아비달마 교학에 내재한 모순을 지적합니다. 용수의 '중관적 논법'은 모든 것이 공하다는 점을 논증한다는 점에서 '공의 논리'라고 부르기도 하며, 갖가지 개념들에 대한 집착에서 벗어나게 해준다는 의미에서 '해탈의 논리'라고 부르기도 합니다. 그리고 일상적 사유를 해체한다는 점에서 '해체의 논리', 논리적 사유의 한계를 지적한다는 점에서는 '반논리(反論理)'라고 부릅니다.[11]

'중관적 논법'에서 '중관(中觀)'이라는 용어는 길장(吉藏: 549~623)이 지은 중관론소(中觀論疎)[12]에서 나온 밀입니다. 중도적으로 관찰하다(분석하다)라는 의미로 풀이됩니다. 여기에서 중도는 두 가지 층차로 이야기할 수 있습니다.

첫 번째는 불고불락(不苦不樂)과 같이 고행주의와 쾌락주의적 수행관 모두를 비판하는 '실천적 중도'이고, 두 번째는 불생불멸(不生不滅), 불상부단(不常不斷), 불일불이(不一不異), 비유비무(非有非無)와 같은 '사상적 중도'입니다. 중관 논리에서 '중도적으로 관

---

11 중관적 논리는 용수의 『중론』, 『회쟁론』, 『십이문론』, 『광파론』, 『대지도론』 등과 그 제자 아리야제바(170~270경)의 『백론』, 『사백관론』 등에 잘 표출되어 있다

12 용수(龍樹: 150~250년경)가 지은 『중론(中論)』을 해설한 문헌이다. 단, 『중론』을 직접 해설한 것은 아니고, 구마라습(鳩摩羅什)이 한역한 청목(靑目: 3세기경)의 주석서를 다시 해설한 것이다. (두산백과 두피디아 참고.)

찰한다'라고 하는 것은 후자를 의미합니다. 그리고 불생불멸(不生不滅), 불상부단(不常不斷) 등의 경구에서 보듯이 여기서 말하는 중도는 '가운데의 길이 옳다'는 것이 아니라 '양극단이 모두 틀렸다'는 것을 의미합니다.

발생과 소멸, 상주와 단멸, 있음과 없음 등은 우리 생각의 양극단입니다. 우리의 생각은 극단적 방식으로 작동합니다. 있는 것을 부정하면 없는 줄 알고, 발생을 부정하면 소멸인 줄 알며, 상주함을 부정하면 단멸이라 생각합니다. 이것은 흑백논리입니다. 흑을 부정하면 백인 줄 아는 것입니다. 우리의 일반적 생각은 모두 이와 같은 메커니즘으로 작동합니다. 그러나 중관학에서는 흑과 백의 양극단 모두를 부정합니다. 흑도 틀리고 백도 옳지 않다는 것입니다. 그렇다고 해서 흑과 백이 혼합된 회색이 옳다는 말도 아닙니다. 다만 흑과 백이 모두 틀렸음을 알려 주는 것입니다. 앞서 아함경(阿含經)에서 이야기한 중도가 깨달음을 얻기 위한 마음의 자세를 말했다면 중관에서 이야기하는 중도는 양극단이 모두 틀렸다는 것을 의미합니다. 그래서 중관학은 새롭게 알려 줄 그 무엇이 있다는 것이 아니라 양쪽이 모두 틀렸다는 것을 강조합니다.

삼론종(三論宗)[13]의 길장(吉藏)은 이것을 파사현정(破邪顯正)이라고 이야기합니다. 파사현정은 잘못된 논리를 파괴하는 행위 자체가 옳은 것을 드러내는 행위라는 의미입니다. 이것이 중관학에서 말하는 중도의 진정한 의미입니다. 중도의 '중'자에는 이렇게 '양극단 모두 틀렸다'라는 비판의 의미가 담겨있다는 점에서 '텅 비어 있음'을 의미하는 '공'과 통한다고 할 수 있습니다. 중관학은 흑백논리로 작동하는 우리의 생각에서 모순을 지적합니다.

부처님의 가르침을 체계화한 아비달마 교학뿐만 아니라, '바람이 분다', '비가 내린다', '내가 살아있다' 등 우리의 일상적인 생각에도 논리적 모순은 발생합니다. 왜냐하면 '일상을 대하는 우리의 생각'과 '부처님의 가르침을 대하는 우리의 생각'이 서로 다른 것이 아니기 때문입니다.

그러면 이러한 중관 논리의 난해한 교리를 우리의 일상적 삶과 연관하여 살펴보겠습니다. 우리의 사유, 우리의 생각은 논리적으로 작동합니다. 그리고 논리적 사유란, 개념을 '설정'하고, 그렇게 설정된 개념들을 연결하여 '판단'을 만들고, 판단들을 모아 삼단

---

13   삼론종(三論宗)은 『중론(中論)』, 『십이문론(十二門論)』, 『백론(百論)』의 삼론(三論)에 의거한 중국 불교의 논종(論宗)이다.

논법과 같은 '추론식'을 작성함으로써 진행됩니다. 그러나 반논리학인 중관학에서는 공과 연기의 교설에 의거하여 개념의 실재성을 비판하고, 사구부정(四句否定)[14]의 논리에 의해 모든 판단의 사실성을 비판하며, 상반된 추론을 제시함으로써 어떤 추론의 타당성을 비판합니다. 결국 논리적으로 작동되는 우리의 사유 그 자체를 모두 비판하는 것입니다. 그러면 이러한 비판 중 일부를 구체적인 사례를 통해 살펴보겠습니다.

지금 우리 눈앞에 어떤 길이의 막대기가 있다고 할 때, 누군가가 이 막대기의 길이가 어떤가에 대해 묻는다면 우리는 길다고 대답할 수도 있고 짧다고 대답할 수도 있습니다. 그런데 이보다 짧은 막대기를 염두에 두고, 비교했다면 '길다'고 대답할 것이고, 이보다 긴 막대를 염두에 두었다면 '짧다'고 대답할 것입니다. 동일한 막대기임에도 불구하고 어떤 막대를 비교의 대상으로 염두에 뒀는가에 따라 대답이 달라지는 것입니다.

이것은 공(空)과 연기(緣起)의 의미와 상통합니다. 긴 것이 있기 때문에 짧은 것이 있는 것이고, 또 반대로 짧은 것이 있기 때문에

---

14 사물에 관해서 그 진상을 알기 위하여 몇 번이고 부정을 거듭하여 유무(有無)의 견해를 명백하게 해주는 변증법적인 문답법.

긴 것이 있는 것입니다. 따라서 이 막대기의 길이는 사실상 본래 길지도 않고 짧지도 않습니다. 길다고 이야기하는 것도 자신이고, 또 짧다고 이야기하는 것도 자신입니다. 이 막대기의 길이는 사실상 공허한 것입니다. 본래 길이라는 개념 자체가 없기 때문에 공(空)인 것입니다. 이것을 두고 이 막대기에는 자성(自性)이 없다고 표현합니다. 우리의 눈에 보이는 모든 대상의 길이, 크기, 무게가 이와 같습니다. 단지 작은 방을 비교 대상으로 염두에 두게 되면 큰 방이 존재하게 되는 것이고, 또 더 큰 방을 염두에 두면 또 같은 크기의 방이더라도 작은 방이 되기도 합니다. 잘생긴, 못생긴, 부유한, 가난한, 현명한, 어리석음 등 모든 것이 상대적인 것입니다. 그래서 동일한 사람이 상황에 따라 이쪽으로 분류되기도 하고 또 저쪽으로 분류되기도 합니다.

중관학은 일체의 존재는 물론이고, 일체의 판단과 사유를 모두 비판합니다. 그러나 주목해야 할 점은 중관학이 아비달마 교학의 논리적 모순을 지적할 뿐 아비달마 교학의 효용성을 부정하지는 않는다는 것입니다. 여기에서 말하는 효용성은 아비달마 교학을 통해서 얻는 깨달음입니다. 아비달마 교학 역시 부처님의 교서를 담고 있는 하나의 훌륭한 뗏목입니다. 뗏목이 없다면 우리는 강을 건널 수 없습니다.

이와 같은 중관의 논리도 언어와 생각을 이용하여 공(空)을 논증하기 때문에 존재의 모순에서 벗어날 수는 없습니다. 만일 모든 것이 공하다면 모든 것이 공하다는 그 말도 공하기 때문에 논리적 모순에 빠지게 됩니다. 그렇다면 중관의 논리는 어떤 의미가 있을까요? 다음 예를 살펴보겠습니다.

깨끗한 벽에 '낙서금지'라는 말을 쓸 때 그 말도 낙서에 속하기에 자가당착에 빠지게 됩니다. 그러나 누군가가 먼저 벽에 낙서해 놓았을 때, 그 위에 '낙서금지'라는 말을 쓸 경우에는 그 '낙서금지'라는 말 역시 낙서이기에 자가당착에 빠져 있는 말이긴 하지만, 앞으로의 다른 낙서를 금지해 주는 효용이 있다. 용수는 다른 모든 불교 교리가 그러하듯 중관학 역시 응병여약(應病與藥)[15]의 가르침이라고 이야기합니다.

중관을 반대하는 사람들은 '모든 것이 공하다'고 주장할 경우 사성제(四聖諦)도 부정하고 삼보(三寶)[16]도 부정하게 된다고 말하며 공의 교리의 부당성을 지적합니다. 사실 '모든 것이 공하다'면 계율(戒律)도 공하기에 계율을 지킬 필요도 없고, 보시(布施)도 공

---

15 환자에 따라 병에 적합한 약을 주는 것.
16 불보(佛寶), 법보(法寶), 승보(僧寶)

하기에 남에게 베풀 필요도 없고, 사성제도 없고, 삼보도 없을 것이라고 착각하기 쉽습니다. 하지만 용수는 진제(眞諦)와 속제(俗諦)라는 이제(二諦)설을 통해 이를 비판합니다. 진제(眞諦)란 깨달음에 관한 진리로 궁극의 진실을 말하며, 속제(俗諦)는 세속 사람들이 알고있는 도리를 말합니다. 계율을 지키고 남에게 베풀며, 사성제(四聖諦)를 관찰하고 삼보(三寶)를 공경하라는 것이 속제적 교설이라면 '그 모든 것이 공(空)하다'는 것은 진제적 교설입니다.

이 진제와 속제를 균등하게 실천해야 진정한 불교인이 될 수 있습니다. 용수는 속제를 모르고 진제만 추구할 경우 가치 판단이 상실되는 공견(空見)[17]에 빠지게 되어 아무렇게 행동하는 폐인이 되기 쉽고, 반면 진제를 모르고 속제만 추구할 경우 기껏해야 하늘나라에 태어날 뿐 결코 해탈할 수는 없다고 주장합니다.

용수는 『중론(中論)』에서 이 공견(空見)의 위험성에 대해 다음과 같이 경고하고 있습니다.

"부처님께서는 온갖 사견(私見)에서 벗어나게 하시려고
공(空)의 진리를 말씀하셨는데, 만약 공(空)이 있다는 견해를

---

17   공(空)에 집착하는 그릇된 견해, 모든 존재와 가치를 부정하는 견해.

다시 가지게 되어서 공견(空見)에 빠진다면 어떤 부처님께서도 그런 자는 구제하지 못할 것이다."

　종교란 결국 근원적인 물음으로부터 시작되며, 그 근원적인 물음에 대한 대답과 해결의 과정에서 탄생한 어떠한 것입니다. 그리고 그 가운데 불교가 근원적인 물음에 어떻게 답하고 있는가에 대해 이해할 수 있다면 우리는 진정한 자아를 찾고 세상을 살아갈 수 있는 새로운 방향을 확인할 수 있을 것입니다.

　현대사회는 끝없는 갈등과 소통의 부재로 망가져 가고 있습니다. 모든 것이 하나의 마음에서 시작됨을 깨닫고, 이웃과 더불어 살아갈 수 있다면 불교를 통해 지속 가능한 발전을 위한 새로운 가치관을 만들 수 있을 것입니다.

제5장

송명리학(宋明理學)

유학(儒學)의 변천과 송대 초기 신유학(新儒學)

　지금까지 살펴본 유가(儒家), 도가(道家), 불가(佛家)에서 제시한 핵심 사상은 도(道)입니다. 도(道)에 대한 물음은 우리가 삶을 어떻게 하면 잘 살 수 있을지에 대한 고민이며, 삶에서 무엇을 가장 최고의 가치와 기준으로 삼아야 하는가에 관한 내용으로 매우 현실적인 문제의식을 바탕으로 합니다. 이것에 관한 내용을 도(道)라는 하나의 범주로 표현한 것입니다.

　중국 철학의 다양한 학술 사조 가운데 11세기에는 신유학(新儒學)이 새롭게 등장합니다. 신유학을 초기에는 도학(道學)이라 불렀습니다. 신유학의 명칭에 대해 현대 신유가 3세대 학자인 풍우란(馮友蘭) 선생은 도학(道學)이라는 명칭이 역사적으로 리학(理學)이라는 명칭보다 앞서며, 리학(理學)뿐만 아니라 심학(心學) 역시 포괄하여 구별할 수 있기 때문에 도학이라는 명칭을 사용해야 한다고 이야기합니다.

　사실 신유학이나 도학이라는 명칭은 조금 낯설 수 있습니다. 하지만 한국과 일본에서는 오랫동안 성리학(性理學)이라는 명칭을 사용해 왔습니다. 그리고 중국에서는 명대 후기에 리학(理學)이라는 명칭을 사용했고, 근대 분과학문 체계가 확립되면서 신유학

(新儒學)을 송명리학(宋明理學)이라고 불렀습니다.

11세기 중국 사상의 주체였던 리학(理學)은 한국뿐만 아니라 일본까지 전해지게 되면서 16세기 이후 한국과 일본의 중요한 사상으로 자리 잡게 됩니다. 당시 한·중·일 학자들은 필담(筆談)의 방식을 통해 리학(理學)의 문제에 대해서 세밀하게 토론하였고, 또많은 교류를 했던 기록들이 남겨져 있습니다. 리학(理學)은 동아시아 지식인들의 공통 담론이었고, 동시대에 향유된 정신문명이었습니다. 우리나라에는 고려 후기 안향에 의해 성리학(性理學)이 소개됩니다. 남송의 주희가 신유학을 집대성한 성리학은 훈고학(訓詁學)이나 사장(詞章) 중심의 유학과 달리 인간의 심성과 우주의원리를 철학적으로 탐구하는 새로운 학문이었습니다. 여말선초(麗末鮮初) 신진 사대부들에 의해 수용된 성리학은 일상생활과 관계되는 실천적 기능을 강조했고 새로운 국가와 사회의 지도 이념으로 등장하게 됩니다. 그리고 학문적 흐름은 서경덕, 이언적, 이황과 이이 등을 통해 이어지게 됩니다.

일본에 성리학이 전래된 시기는 가마쿠라 막부 초기입니다. 당시 일본은 해상교통을 통해 중국과 내왕하였으며, 12세기 말 일본의 승려들을 통해 불교와 성리학이 국내에 소개됩니다. 많은 일본승려는 중국에 유학하면서 불교와 유학을 연구했고, 귀국하여 그

동양철학의 이해

것들을 전파합니다. 성리학이 진정 학문으로 전개된 것은 에도시대[1]였습니다. 이 당시 주자의 사서학(四書學)이나 리기(理氣)와 심성(心性)에 관한 철학이 본격적 학습되기 시작합니다. 그리고 후지와라 세이카(藤原惺窩, 1561~1619)와 하야시 라잔(林羅山, 1583~1567)에 의해 근세 주자학의 기초가 마련되며 막부의 관학으로 자리 잡게 됩니다.

신유학은 동아시아 국가마다 그 특징에 차이가 있지만 한·중·일 삼국에 공통으로 매우 큰 영향을 주었습니다.

그렇다면 신유학(新儒學)을 공부한다는 것은 어떠한 의미가 있는 것일까요?

근세 동아시아의 문화에 있어 유가의 사상은 당시 사회의 가치관념에 엄청난 영향을 끼쳤을 뿐만 아니라, 유가의 신유학은 전근대 동아시아의 지식인들이 근거했던 전반적인 사상 형태를 제공했습니다. 사상 활동은 반드시 어떤 개념 형식에 근거해야 하며, 깊이 있는 사상 활동이 근거로 삼는 범주와 개념은 반드시 우주와

---

1   일본 역사의 시대 구분 가운데, 1603년 도쿠가와 이에야스(德川家康)가 대장군이 되어 에도(江戶)에 막부(幕府)를 연 때부터 1867년 도쿠가와 요시노부(德川慶喜)가 정권을 천황에게 돌려준 때까지의 시기. 봉건 사회 체제가 확립된 시기이며, 쇼군(將軍)이 권력을 장악하고 전국을 통일·지배하던 시기이다. (『표준국어대사전』)

사회, 인간의 마음과 인생 등에 관한 일련의 체계를 갖춰야 합니다. 신유학의 체계는 도덕의식에 관한 탐구를 목표로 했고, 나아가 실천에 기반하여 사람의 의식 현상과 마음의 경험 상태를 구체적으로 구분하고 정의합니다. 그리고 그 가운데 도덕의식에 관한 관심과 탐구를 가장 주된 목표로 하고 있으며, 실천에 기반해서 사람의 의식 상태와 내심의 경험 상태를 면밀하게 구분하여 연구하고 있습니다. 우주와 인간, 인간의 인성과 마음 그리고 마음의 움직임, 이 마음이 발전해서 어떠한 단계까지 도달할 수 있는가에 대해 매우 자세하게 설명합니다. 또한 신유학은 우주의 존재와 운동 그리고 그 변화 과정에 대해서도 치밀하게 분석하고 있으며 이에 관해 정연한 이론을 갖춰 설명합니다.

　신유학은 10세기 이후 동아시아 지식인들의 이론적 사유의 근거였으며 정신활동의 주요한 형식이었습니다. 특히 신유학의 거봉인 북송오자(北宋五子)와 주희(朱熹)의 학문은 우리의 전통 및 정신문화와 매우 밀접한 관계를 가지고 있습니다. 알다시피 조선 시대의 학문과 문화는 성리학(性理學)이라는 주자학의 발전에 그 토대를 두고 있습니다. 또한 서양 문명이 지배적인 영향력을 행사하는 오늘날에도 우리의 일상생활에서 가치에 관한 부분은 아직도 그 영향을 받고 있습니다. 즉 현대에 우리가 인식하지 못하지만,

유가적 가치는 우리의 삶 속에 그리고 의식의 저편에 깊게 자리 잡고 있습니다. 그러므로 송명리학(宋明理學)을 이해하는 것은 우리의 과거와 현재의 도덕적 가치 체계를 성찰하는 것이며, 좀 더 나은 미래의 가치 체계를 건설하는 데 있어서 중요한 의미를 가집니다.

개인적인 측면으로 그 의의를 생각해 보면 신유학(新儒學)을 공부함으로써 이전에 알지 못했던 자신의 가치관과 가치 체계의 일부를 규명할 수 있을 것입니다. 우리는 어릴 때부터 가정이나 학교로부터 사회에서 알아야 하는 기본적인 내용에 대해 교육을 받고, 교육받은 그대로 세계를 바라봅니다. 즉 우리는 인지하지 못하지만, 일방적으로 주입된 사회의 가치를 따르며 생활하게 됩니다. 현재 우리가 사회에서 중요시하는 가치들 가운데 많은 부분은 유가의 가치입니다. 따라서 송명리학(宋明理學)을 통해 자신을 비춰보고 나의 가치관을 들여다보게 되면 내가 주변을 바라보는 세계관 속에서 다양한 유가의 가치를 발견하고 이해할 수 있게 될 것입니다. 그리고 나아가 나의 가치관을 새롭게 재인식하고 선택할 수 있을 것입니다. 이것이 바로 우리가 송명리학(宋明理學)을 공부하는 목적이자 의의입니다.

유학(儒學)의 변천

선진(先秦)시기의 유학을 원시 유학이라고 이야기합니다. 이 시기의 유학은 그저 순수한 학문적 체계로 그 틀을 만들어 가던 시기였습니다. 공자와 맹자 순자로 대표되는 이 시기의 유학은 지식과 생활, 행위와 이념을 선도하는 중요한 역할을 담당합니다.

이후 한대에 관학으로 유학이 등장했고, 언뜻 보기에는 그 위상이 높아진 것 같았지만, 실제로는 역사 속에서 그 위상과 역할이 많이 약화되기 시작합니다. 한나라는 진나라가 멸망한 후 세워진 왕조입니다. 그들은 진나라 멸망의 원인을 분석하고 중앙집권적 제국을 완성하기 위해 이론적 체계를 갖추기 위해 노력했습니다. 전쟁으로 피폐해진 백성들에게 필요한 것은 휴식이었고, 당시의 위정자들은 휴양생식(休養生息)을 주장하는 황로학(黃老學)을 그 통치 이념으로 선택하게 됩니다. 황로학이란 황제(黃帝)와 노자(老子)의 학문을 합쳐서 일컫는 말로 도가(道家)의 한 학파를 지칭합니다. 한 무제 때 왕조의 기초가 확립되고 흉노정벌 등 적극적 정책이 추진되면서 황로도가를 대체할 새로운 통치 원리가 요구됩니다.

이때 동중서(董仲舒)는 무제에게 백가(百家)를 몰아내고 유교에 의한 사상의 통일을 주장하는 현량대책(賢良對策)을 상소했고, 이 것이 채택됨으로써 유교는 국교(國敎)의 지위를 얻게 됩니다. 하지 만 유학은 점점 지식과 생활의 일부, 특히 사회규범인 예(禮)의 측 면을 담당하는 것으로 스스로의 범주를 한정시켜 갔고, 행위 주체 의 기능과 역할을 불교에 내어주게 됩니다. 유학의 핵심은 행위와 실천에 있다고 생각됩니다. 생활에 대한 실제적인 장악력이야말 로 유학이 갖는 본질적인 부분입니다. 한당 시대의 유학은 이러한 기능을 수행하지 못했고, 그 실천적 측면, 즉 생활과 시대를 장악 하던 사상적 유학으로서의 모습은 점차 사라지게 됩니다. 위진남 북조 시기에는 유가와 도가의 사상을 융합한 위진현학(魏晉玄學) 이라는 새로운 형태의 학문이 등장했고, 수당 시기에는 불교가 홍 행하게 됩니다.

당나라 말기 오경정의(五經正義)[2]로 대표되는 기존의 유학에 이 의를 제기하며 새롭게 유교 경전을 해석하려는 흐름이 나타나기 시작합니다. 이러한 흐름을 주도했던 대표자는 당송팔대가의 한

---

2 중국 당(唐)나라 태종(太宗)의 명으로 공영달(孔穎達), 안사고(顔師古) 등이 당나 라 때의 다섯 경서를 주석한 책. 『주역(周易)』은 왕필(王弼)과 한강백(韓康伯)의 주(注), 『상서(尙書)』는 공안국(孔安國)의 전(傳), 『모시(毛詩)』는 모형(毛亨)의 전 과 정현(鄭玄)의 전, 『예기(禮記)』는 정현의 주, 『춘추좌씨전(春秋左氏傳)』은 두 예(杜預)의 주로 되어 있다. (『고려대한국어대사전』)

사람인 한유(韓愈)였습니다. 그는 잃어버린 유교의 권위를 회복하고자 했고, 이를 위해 「논불골표(論佛骨表)」라는 문장을 헌종에게 올려 불교가 중국의 미풍양속을 깨뜨리고, 백성에게 악영향을 끼치는 오랑캐의 가르침이라고 비판합니다. 또한 「원도(原道)」「원인(原人)」, 「원성(原性)」등의 저술을 통해 송대 신유학의 주요 명제들을 논하였으며, 다음 시대에 전개된 신유학 사상의 선구적 위치에 서게 됩니다.

송명 시대가 되어 유학은 지식의 범주에서 벗어나 행위와 생활의 영역에까지 다시 그 영역을 확장하게 됩니다. 생활과 시대에 대한 장악력도 회복하여, 시대의 중심 사상으로 자리매김하게 됩니다. 송명 시대의 유학은 공자와 맹자로 대표되는 원시 유학의 부활이라는 의미를 갖습니다. 하지만 춘추전국 시대의 유학을 기본 골격으로 하여 불교와 도교의 여러 특징들을 복합해서 새롭게 만들어 낸 사상 형식으로 춘추전국 시대의 유학보다는 더 철학화되고 더 체계화된 것이라 말할 수 있습니다. 이러한 까닭에 이것을 신유학이라고 부르는 것입니다.

흔히 우리는 송명 시대의 유학을 성리학(性理學)이라 부릅니다. 이 명칭은 우리의 문화적 정서에는 어느 정도 합당한 일면이 있는데, 고려 말기부터 조선 말기까지 600여 년의 역사 속에서 우리나라의 지식계를 장악한 사상을 성리학이라 할 수 있습니다. 그러나 우리나라에서 전개된 송명 시대 유학이 성리학과 동일시될 수 있다고 해서 그것을 바로 또 일반화하여 송명 시대 유학은 곧 성리학이라고 한마디로 정의할 수는 없습니다.

신유학(新儒學)의 다양한 이름과 신진사대부

송명 시대의 유학을 총체적으로 지칭한다면 가장 적절한 용어는 '송명 유학'이 될 것입니다. 이 명칭은 한당 유학이나 선진 유학이라는 말처럼 시대적 구분을 전제로 하는 것인 만큼 송명 시대에 전개된 모든 유학의 분파를 다 포함하는 개념이라 할 수 있기 때문입니다. 그러나 이 개념은 다만 시대를 기준으로 유학사를 나눈 것이기 때문에 이 시대 유학의 특징을 모두 반영하는 개념이라 보기에는 어렵습니다.

그렇다면 이 시대 유학의 성격을 반영하면서도 유학의 모든 분파를 총체적으로 포괄하는 용어는 없을까요? 바로 '신유학(新儒學)'이 가장 적합한 용어라고 생각됩니다. 신유학이란 명칭은 이 시대의 유학이 이념적으로나 내용적으로 선진 시대나 한당 시대의 유학과는 다른 특징을 지닌다는 의미에서 나온 말입니다. 이러한 특징은 대체로 북송 시대부터 명대까지 그대로 유지되기 때문에 이 시대의 유학을 가리키는 명칭으로 가장 합당하다고 생각됩니다.

송명 유학이라는 개념과 신유학이라는 개념은 범위를 같이하는 총체적 개념이면서도, 전자는 시대적 구분을 강조하는 개념이라면 후자는 사상적 흐름을 강조한다는 차이점을 가집니다. 또 이 두 개념이 총체적 의미를 가지는 것이라면, 송학(宋學)이나 명학(明學), 주자학(朱子學)이나 양명학(陽明學), 도학(道學), 리학(理學), 심학(心學)과 같은 개념들은 이 두 개념의 범주 속에 드는 부분적 개념이라고 할 수 있습니다.

송학이나 명학은 시대적 구분을 갖기 때문에 그 개념이 한정하는 바가 명확하게 드러납니다. 주자학이나 양명학 역시 주희(朱熹)의 사상적 경향이나 왕수인(王守仁)의 사상적 특징을 계승한다는 정신을 담고 있으므로 그 개념에 대한 특별한 설명이 필요하지 않습니다.

다만, 도학이나 리학 그리고 심학과 같이 그 범주가 명확하지 않은 개념들에 대해서는 간단한 언급이 필요하다고 생각됩니다.

그럼 이러한 용어들에 대해 간략히 살펴보겠습니다.

먼저 도학(道學)은 앞의 세 개념 중에서 가장 넓은 외연을 갖습

동양철학의 이해

니다. 도학은 북송 초기에 나타난 세 가지 유학의 입장 가운데에서 호원(胡瑗), 손복(孫復), 석개(石介) 등으로부터 비롯되어 주희와 왕수인에게 이어지는 사상의 흐름을 가리키는 개념입니다. 그러므로 도학이라는 개념은 당시의 신법(新法) 계열이나 촉학(蜀學) 계열에는 적용되지 않습니다.

실제로 신법계열이나 촉학계열은 남송 이후부터 세력이 약화되기 때문에 도학이라는 개념은 송명 유학이나 신유학이라는 개념과 그다지 개념적 차이를 갖지 않습니다. 흔히 신유학이나 송명 유학의 개념을 쓸 때도 북송 초기의 세 선생[3]으로부터 주희와 왕수인까지 이어지는 사상적 흐름을 대상으로 합니다. 다만 도학이라는 개념은 도리를 파악해서 몸소 실천으로 옮기고자 하는 이들의 입장에 대해 중점을 둔 표현일 뿐입니다.

리학(理學)은 이치를 통해 세계를 파악하는 사상적 입장과 연결된 개념으로 리(理)라는 개념의 실체를 발견하여 구체화한 학문입니다. 리학은 정이(程頤)에 의해 구체화 되었으며, 이후 주희에 의해 계승·발전 됩니다. 그러므로 리학은 정이-주희 계열의 신유학, 즉 정주학 또는 주자학을 가리키는 개념입니다. 우리가 좁은 의미

---

3   호원(胡瑗), 손복(孫復), 석개(石介)

로 성리학이라는 개념을 쓸 때 그 성리학이 가리키는 것은 주자학 또는 리학입니다.

리학(理學)의 기본명제는 성즉리(性卽理)입니다. 이것은 성(性)이 곧 리(理)라는 의미입니다. 이때 성(性)은 세상의 이치일 수도 있고, 인간의 본성일 수도 있습니다. 어쨌든 이 두 가지가 모두 리(理)와 같다는 것입니다. 즉 세상의 이치와 인간의 본성은 리(理)로 파악할 수 있다는 말입니다. 주자학(朱子學)과 성리학(性理學) 그리고 리학(理學)에서의 기본 전제는 모두 성즉리(性卽理)입니다.

마시막으로 심학입니다. 심학은 '내 마음이 곧 이치'(心卽理)라는 사상적 입장을 가리키는 개념입니다. 이 입장은 사실 리학의 '성(性)이 곧 리(理)이다'를 비판하며 나타난 사상적 경향이었습니다. 이 입장은 당시 주희에게 가장 강력한 경쟁자였던 육구연(陸九淵)이 선도했으며, 이후 왕수인에게 이어져 명학의 사상적 바탕이 됩니다. 그러므로 심학이라는 개념은 육구연-왕수인 계열의 사상적 특징과 연결되어 나타난 것입니다.

시대 의식의 변화는 그것을 뒷받침 해줄 수 있는 새로운 사상의 등장을 통해서 가능합니다. 신유학이 형성되어 한 시대의 주도적 사상으로 부상하기 위해서는 이를 담당할 새로운 계층의 등장이 필연적으로 요청된 것입니다. 한당 시대로부터 송명 시대로의

동양철학의 이해

이행은 사상적 측면에서 혁명적인 모습을 보여준 만큼 그 변화를 떠맡은 주체들 역시 정치·사회·문화에 있어 새로운 배경을 가진 사람들이 필요했을 것입니다.

위진 시대 이래로 중국은 정치적 측면에서 여러 변화를 거듭하지만, 사회 계층의 차원에서는 그 상층 구조에 별다른 변화가 없었습니다. 그리고 이 같은 역사는 당대 중·후기까지 이어져 나가게 됩니다. 위진 시대에 형성된 상층의 귀족 집단이 문벌화 되어 경제적·정치적·문화적 이익을 독점하며 당대까지 이어져 온 것입니다. 이들 문벌 세족은 대대로 권력을 세습하여 독점한 세력으로서 한당 시대에 지식 권력을 독점했던 주인공들이었으며, 수당 시대 불교의 번영을 가능하게 했던 후원자들이었습니다. 하지만 독점적으로 상속시켜 나갔던 계층적 구도는 당대 중·후기에 이르면서 서서히 와해되기 시작합니다.

강성했던 당 왕조는 그 왕조를 확장하고 유지하기 위해서 끊임없이 변방 이민족과 투쟁을 벌여야 했고, 왕조의 독점적인 권력과 상층 귀족 계층의 배타적인 이익에 저항하는 하층민들의 반란을 평정하기 위해 끊임없이 싸워야 했습니다. 이러한 이유로 당 왕조는 변방에 절도사를 두고, 그 절도사에게 힘을 나누어 주는 분권적 체계를 운용해야만 했습니다. 이 절도사들은 임지에서 거의 절대적인 권력을 행사할 수 있었으며, 점차로 독자적인 힘을 쌓아 소규모의 독점적 권력 체계를 만들게 됩니다. 그리고 이것을 번진 (藩鎭)이라고 합니다. 절도사들은 초기에는 주로 변방에 임명되었으나, 중기 이후에는 내지(內地)에도 임명되었습니다. 이러한 추세는 안녹산의 난[4] 이후로 더욱 가속화됩니다. 당의 멸망은 이 번진 체제로부터 야기되었다고 할 수 있습니다. 즉 상층 귀족 세력의 번영을 위해 마련된 절도사 체제가 소규모의 무인 국가 체제로 발전되면서 거꾸로 왕조를 허약하게 만들고 상층 귀족 세력의 이익을 침탈하는 위협 요소가 되었던 것입니다. 이와 함께 외부적으로 변방 세력의 발호 또한 당의 멸망을 촉진시키는 한 요인이 되었습니다.

당의 멸망 후 송이 등장하기까지 50여 년은 번진 세력들의 시대였습니다. 번진 세력들은 새로운 왕조를 세우기도 하고 신흥 왕조를 무너뜨리기도 하면서 당시 역사를 주도했습니다. 다섯 왕조가 들어섰다가 사라지는 등 무수한 번진들이 할거했고, 이 과정을 통해 문벌 세족은 완전히 몰락하게 됩니다. 그리고 역사의 무대에

---

4   중국 당(唐)나라 중기에 안녹산(安祿山)과 사사명(史思明) 등이 일으킨 반란(755 ~763). (『두산백과』)

는 새 시대를 이끌어갈 새로운 세력으로 신진사대부 계층이 등장하게 됩니다.

이러한 새로운 세력들은 혼란한 시대를 살아가며, 자신들의 힘만으로 사회적, 정치적, 경제적 입지를 확장해야만 했기에 현실적 문제에 커다란 관심을 가지게 됩니다. 그들은 세습 권력을 상속받은 사람들은 아니었지만, 어느 정도 경제적 여건을 갖추고 있었던 사람들이었습니다. 하지만 처음부터 이들에게 최상층 권력이 될 수 있는 문이 열려있던 것은 아니었습니다. 최상층 권력은 번진 체계의 절도사들과 이민족 정권의 수장들이 차지하고 있었기 때문에 이들은 하층 관리가 되어 자신들의 힘으로 확보할 수 있는 권력을 추구하게 됩니다. 따라서 이들은 지방의 향시를 통하여 하층 관리로 등장하기도 하고, 번진 체계나 이민족 정권에 진출하여 하급 무관이나 막료 등이 됨으로써 조금씩 자신들의 입지를 확장해 나갑니다. 이러한 상황에서 과거 제도는 급제를 통해 한순간에 사회적, 정치적, 경제적 입지를 마련할 수 있었기 때문에 이들에게 매우 절실한 제도였습니다. 그들은 자식들을 유학적 지식인으로 교육하는 데에 온 열정을 기울입니다. 유학적 지식을 습득해서 과거에 통과하여 입신하고자 했던 이들 신진사대부 계층은 송의 등장과 함께 빠르게 결속하여 성장해 나가게 됩니다.

송대 초기 유학의 변용과 그 흐름

송대 초기 유학은 현실 지향적인 신진사대부 세력의 사상적 도구로써 선택되었습니다. 하지만 유학이 사회의 모든 문제를 책임지고 해결해야 한다는 의식이 확대되면서 서서히 한당시대 유학의 성격을 버리고 새로운 시대에 걸맞는 유학으로 변화가 일어나게 됩니다.

이러한 변화는 북송 초기 고문(古文)운동[5]에서 시작되어 정학(正學)운동[6]에 이르러 본격화됩니다. 범중엄(范仲淹)이 주도했던 정학운동은 한당 유학과는 다른 송명 유학의 특징이 구체화 되는 기점이었습니다. 송대를 관통하여 전개되는 유학의 새로운 특징은 학파의 모습을 띠고 나타났다는 것에 있습니다. 이 시대의 유학은 학파들 사이의 대립과 논쟁을 통하여 구체적인 모습을 갖

---

5   당대 중기에 일어난 고문운동은 문학의 혁신과 유학의 부흥이라는 이중의 성
     격을 갖고 있었다. 고문 운동 중에서 유학의 부흥을 위한 노력은 신유학의 탄
     생을 위한 정초 작업으로 평가되고 있다. 이 운동의 대표적인 인물은 한유(韓
     愈)·유종원(柳宗元) 등이다.
6   정학운동은 범중엄(范仲淹), 손복(孫復), 호원(胡瑗), 석개(石介), 구양석(歐陽修)
     등이 대표로 한·당의 훈고학(訓 學)과 주소학(注疏學)에 대한 비판과 이전의 사
     상계를 지배해 온 불교와 도교에 대한 배척을 주된 기치로 내걸었다.

추게 됩니다. 이때 등장하는 학파들은 크게는 외왕(外王), 즉 세상을 어떻게 경영해 나갈 것인가에 대한 관점의 차이로 분화와 대립을 보이기도 하고, 작게는 내성(內聖), 즉 신유학의 철학적 개념들을 어떻게 이해하고 실천해 나갈 것인가에 대해서 서로 갈라져 나가게 됩니다. 초기에는 주로 외왕의 특성이 나타나다가, 후기에는 주로 내성의 특성이 나타납니다.

송대 초기에 나타나는 학파들의 분화는 정학운동의 결과라고 할 수 있습니다. 정학운동은 기본적으로 개혁의 당위성을 전제로 하며, 시대를 개혁할 수 있는 도구가 되기 위해 유학이 어떠한 사상적 구조를 갖추어야 하는가에 큰 관심을 기울였습니다. 북송 시대에는 이러한 관심의 방향에 따라 크게 도학 계열, 신법 계열, 촉학 계열의 세 학파가 등장하게 됩니다. 이들은 조금씩 그 사상적 입각점을 달리하면서 서로 경쟁적인 관계에 놓여 있었습니다.

첫 번째는 도학(道學) 계열의 수구파입니다. 정치적 측면에서는 수구적인 입장을 가지며, 점진적 개혁을 통하여 사회 문제를 해결하고자 하는 유파입니다. 이들은 기본적으로 도덕이 사회의 치란 여부를 결정한다는 입장을 가지며, 군왕의 도덕적 성품을 근간으로 도덕 사회를 구현하려 한다는 점에서 전통 유학의 방식을 그대로 계승한다고 말할 수 있습니다. 수구파는 한유(韓愈)와 유종원

(柳宗元) 등 신유학 이전의 선각적 유학자들의 의식을 계승 발전시켰으며, 호원(胡瑗), 손복(孫復), 석개(石介), 주돈이(周敦頤), 소옹(邵雍), 장재 (張載), 정호(程顥), 정이(程頤) 등이 여기에 속하는 인물들입니다.

두 번째는 신법(新法) 계열의 혁신파입니다. 정치적으로 혁신적 입장을 가지며, 급진적 개혁을 통해 사회적 책임을 다하고자 하는 유파입니다. 이들은 세상이 바뀌면 도덕도 바뀌어야 한다고 주장하며, 사회의 치란 여부를 도덕의 문제로 파악하지 않고 훨씬 더 실제적인 측면에서 보려 했습니다. 그래서 법제를 완비함으로써 사회의 문제를 해결해 나갈 수 있다고 믿는다는 점에서 법가적인 전통과 연결된 유파였습니다. 따라서 이들은 도덕보다는 공리를 표방한다는 특징을 가졌고, 왕안석(王安石)이 대표적인 인물입니다.

마지막 세 번째는 촉학(蜀學) 계열의 중도파입니다. 소식(蘇軾), 소철(蘇轍) 등으로 대표되는 소 씨 일가를 가리킵니다. 이들은 사회 문제를 해결하는 입장에서는 점진적 개혁 쪽에 기울어져 있으며, 군왕의 도덕적인 마음이 도덕 사회를 구현하는 바탕이 된다는 점을 인정합니다. 이러한 점에서 이들의 입장 역시 전통 유학의 맥락 위에 놓여 있다고 할 수 있습니다. 그러나 이들은 유학의 당파적 특징으로부터는 머리 떨어져 있었고, 유학 경전을 해석하면서 도교와 불교를 원용(援用) 하는 모습을 보입니다. 이에 따라 후에 주희에게 선학(禪學)이라는 비판을 받기도 합니다. 송명 시대 신유학의 역사에서 차지하는 이들의 위상은 사상적 측면보다는 오히려 문학적 측면에서 두드러지게 나타납니다.

이와 같은 사상적 분기가 일어나던 무렵 이미 송대의 지배 집단 내부에서는 계층적 분화가 시작되고 있었습니다. 당대 말기부터 새롭게 떠오르기 시작한 신진 사대부 계층 가운데 일부는 관인으로 등장하며 정치적, 경제적 이익을 독점해 나갔으며, 일부는 대지주나 대상인으로 등장하기도 했습니다. 이때 왕안석은 신법(新法)을 대지주와 대상인들의 독점으로 인한 불균형을 시정하고자 했습니다. 즉 그는 대지주와 대상인들의 이익을 억제하고 소지주와 소상인들을 보호하려 했습니다. 그러나 왕안석은 자신의 경전 주석을 교본으로 하여 과거를 치르게 하는 등 사상적 독점을 했고, 도학 계열과 갈등을 일으키게 됩니다. 도학 계열과 신법 계열 사이의 투쟁은 마침내 도학 계열이 대세를 장악함으로써 끝이 나고, 남송 시대에 들어가면서 신법 계열은 거의 몰락하게 됩니다.

성리학(性理學)과 양명학(陽明學)

　도학 계열은 남송 시대로 들어가면서 금의 침략 행위에 맞서 주전파와 강화파로 다시 갈라지게 됩니다. 국왕을 포함한 권신들은 주로 강화파였으며, 나머지는 주전파에 속했습니다. 그러나 주전파든 강화파든 남송 초기의 학자들은 대부분 정호(程顥), 정이(程頤) 형제[7], 특히 정이의 학통을 계승한 사람들이였습니다. 남송 초기에 정권을 장악한 진회(秦檜)에 의해 유학은 장려되었고, 양시(楊時), 윤돈(尹焞), 사량좌(謝良佐) 능에 의해 수많은 문도가 배출되었습니다.

　그 후 정호, 정이의 학통은 호안국(胡安國), 호굉(胡宏), 장식(張栻)으로 이어지게 됩니다. 이처럼 번성했던 이정(二程)의 학통은 마침내 주희(朱熹)에 의해 계승되면서 집대성됩니다. 주희는 양시(楊時), 나종언(羅從彦), 이동(李侗)으로 이어지는 학통을 계승하였고, 남송 중기의 신유학을 대표하는 사람입니다.

　주희가 계승한 학통은 정호와 정이의 사상적 특징이 혼재되어 있었습니다. 그러나 주희는 40세 이후 마음속에 초월적인 성(性)

7　　정호(程顥), 정이(程頤) 형제를 아울러 이정(二程)이라 부른다.

동양철학의 이해

의 본체가 존재함을 깨달은 후, 정호의 심학보다는 정이의 리학을 발전적으로 계승하게 됩니다. 정이는 '성품이 곧 이치이다.(性即理)'라는 명제를 주장했고, 송명 시대 신유학이 전개되는데 새로운 영역을 개척해 낸 사람입니다. 그리고 이와 같은 정이의 입장은 주희에게 계승되어 마침내 완전한 체계를 갖추게 됩니다.

주희는 송대 유학을 대표하며 남송 중기 유학의 사상적 지평을 확장했으며, 신유학의 한 형태인 성리학을 일차적으로 완성 시킵니다. 주희는 논쟁을 통해 자신의 학문적 입장을 완성해 나가며, 남송 중기의 학술계를 이끌었습니다. 주희는 여조겸(呂祖謙)의 주선으로 아호사(鵝湖寺)[8]에서 육구연(陸九淵)을 만나 학문 방법에 대한 논쟁을 벌였으며, 진량(陳亮)과 왕도(王道)와 패도(覇道), 의(義)와 리(利)에 관한 문제를 두고 5년 동안 논쟁을 벌였습니다. 그리고 육구연 형제들과 무극(無極)과 태극(太極)에 관한 논쟁을 벌이기도 했습니다. 주희의 학문은 그가 생존할 당시 권신인 한탁주(韓侂冑)에 의해 금지되는 수모를 겪기도 했지만, 남송 말기를 대표하는 학문으로 지위를 공고히 하게 됩니다. 이후의 유학사는 주희의 사상을 계승 발전시키거나 비판 극복하는 과정이라 말할 만

---

8   강서(江西) 지방 신주(信州)에 위치함.

큼 유학사에서의 그의 위치는 매우 높습니다.

일반적으로 성리학이란 앞서 말한 바와 같이 정이 계열의 성리학, 즉 주자학을 지칭합니다. 특히 이 주자학은 조선 철학에 절대적인 영향을 미치기 때문에 그 특성에 대해 상세히 살펴볼 필요가 있습니다. 그렇다면 이 주자학의 특성은 과연 무엇일까요?

주자학(朱子學)의 특징은 다음과 같이 설명할 수 있습니다.

첫째, 성즉리(性卽理), 성(性)이 곧 리(理)라는 명제를 바탕으로 전개되는 송명 유학의 한 유형입니다. 주자학에 의하면 세계와 인간은 이치와 기질의 조화로 이루어져 있습니다.

둘째, 정이(程頤)와 주자(朱子) 계열의 입장을 바탕으로 전개된 사상유형입니다.

셋째, 송명 유학 또는 신유학의 가장 핵심이 되는 사상의 한 형태입니다.

넷째, 인간을 이원적 구조로 파악하는 사상의 유형입니다.

주자학에서 세계는 리(理)와 기(氣)라는 두 요소를 바탕으로 구성되며, 인간의 마음도 리(理)와 기(氣)의 두 요소의 결합으로 이루어집니다. 주자학은 이러한 기본 구조 위에서 도덕주의라는 이념을 구현하기 위해 노력합니다.

주자학은 앞서 이야기한 다양한 학술 사조 가운데 중국 철학의 꽃이라고 이야기할 만큼 가장 완전한 학술 체계를 갖추고 있습니다. 송명리학이 나타나기 이전 선진(先秦)시대의 유학은 순수 학문의 성격이 강조되었고, 이후 한대(漢代) 초기에는 제자백가가 융합된 형태의 유학이 성행합니다. 그리고 한대 중기 이후부터 경학(經學)의 전통으로 넘어가게 됩니다. 송명리학은 이전과 달리 유불도(儒佛道)가 융합된 형태로 처음 나타났으며, 또한 앞서 선진시대와 한대 유학에서는 제시하지 못했던 우주론에 대해서 도가의 사상을 받아들여 이야기했다는 점에서 이전과는 다른 유학의 새로운 입장이라고 보는 것입니다.

송학이 주희의 성리학으로 대표된다면 명학은 왕수인의 양명학으로 대표됩니다. 왕수인의 사상은 주희 철학에 대한 반대의 입장이라 생각되며, 그가 주장했던 심학은 송대 육구연의 심학 방향을 계승하고 있습니다. 왕수인은 청년시절 주희의 영향을 받아 격물궁리(格物窮理)의 공부를 실천합니다. 그는 용장(龍場)으로 귀양을 가게 되면서도 공부를 그치지 않았습니다. 마침내 그는 용장에서 큰 깨달음을 얻게 됩니다. 그가 얻은 깨달음의 내용은 리(理)는 원래부터 외부 사물에 있는 것이 아니라, 온전히 우리들의 마음속에 내재하고 있다는 사실이었습니다. 용장에서의 깨닮음 후에 왕수인은 '마음이 바로 리(心卽理)'라는 사상과 '마음 밖에는 리가 없다(心外無理)’라는 사상을 전개합니다.

　‘모든 사물에는 일정한 리(理)가 있다.’라는 주희의 주장과 '마음이 바로 리’라는 왕수인의 사상에 관해 제자가 묻자, 왕수인은 다음과 같이 대답합니다. “모든 사물에서 지극한 선을 추구하는 것은 오히려 의를 밖으로 두는 것이다. 지극한 선이란 마음의 본체이다.” 왕수인은 주희의 주장에서 말하는 리(理)를 지극한 선으로써 의(義)라고 생각한 것입니다. 이 때문에 도덕원리로서 지극한 선은 외부 사물에 존재할 수 없고, 도덕 법칙은 순수하게 내재적입니다. 다시 말해 사물의 도덕 질서는 행위자가 그 사물에 부여한 도덕 법칙일 뿐입니다. 만일 도덕원리를 외부 사물로부터 근원하는 것으로 생각한다면 이것은 맹자가 비판하는 것이며, 도덕 원칙을 외재적인 것으로 간주하는 잘못을 범하는 것이 됩니다. 때문에 왕수인은 사람이 궁리를 통해 지극한 선을 추구한다면 반드시 스스로의 마음에서 그것을 발굴하고 찾아야 한다고 주장합니다.

　양명학에서 중요하게 생각하는 또 다른 학설은 지행합일(知行合一)입니다. 송대 유학자들의 지행에 관한 일반적 생각은, 지와 행은 지식과 실천으로 구별되며 서로 다른 행위의 합일이라는 것입니다. 하지만 양명학은 성즉리(性卽理)가 아닌 마음이 곧 이치라는 심즉리(心卽理)를 제창하기 때문에 아는 것이 곧 행하는 것이며, 이 두 가지는 분리될 수 없습니다. 때문에 왕양명은 "앎은 실행의 시작이고 실행은 앎의 완성이다. 이 사실을 깨닫는다면, 앎에 대해서만 말하더라도 실행은 저절로 그 안에 있게 되고, 실행에 대해서만 말하더라도 앎은 저절로 그 안에 있게 된다."[9]고 말합니다. 양명학에서 지(知)는 오직 주관적인 형태만을 가리키며, 송대 유학자들이 이야기하는 지(知)의 범주에 비해 다소 좁은 의미를 갖습니다. 하지만 행의 범주는 사람의 실천 행위 및 심리적인 행위까지 포함하며, 이는 다른 송대 유학자들의 행의 범위보다 넓습니다.

왕수인은 『대학(大學)』의 치지(致知) 개념의 지(知)를 맹자가 이야기하는 양지(良知)로 해석합니다. 그리고 치양지(致良知)[10]를 주장합니다. 왕수인에게 있어 양지는 도덕 판단과 평가의 내적 체계입니다. 양지는 의식구조 가운데 독립된 하나의 부분으로 의식 활동을 감독 평가하는 작용을 합니다. 선험적 원칙으로써의 양지는 옳고 그름, 선과 악을 알고 선을 좋아하고 악을 싫어합니다. 때문

---

9   知是行之始, 行是知之成。若會得時, 只說一個知, 已自有行在; 只說一個行, 已自有知在。(王陽明, 『傳習錄』)

10   중국 명대(明代)에 왕수인(王守仁, 호: 양명(陽明))이 창시한 학설로 모든 사람의 마음에는 양지(良知)가 있다고 주장하였다. (『두산백과』)

에 양지는 우리에게 옳고 그름을 지시해 줄 뿐만 아니라 우리가 옳은 것을 좋아하고 그른 것을 싫어하도록 이끌어 줍니다. 때문에 왕수인은 마음을 다스리는 것을 가장 중요하게 생각하며, 치양지(致良知)를 강조합니다. 그는 "내 마음의 양지를 실현하는 일이 치지이다."라고 이야기하며, 치지를 치양지로 이야기합니다.

왕수인은 또한 다음과 같이 말합니다. "목표를 안다고 함은 지(知)이고, 그것을 실현하기 위해 노력한다고 하는 것은 치(致)이다. 치지는 후대 유학자들이 말하는 지식을 확충하라는 말이 아니라 내 마음의 양지를 실현하라는 말일 따름이다."

양명학의 창시자 왕수인의 가장 핵심적인 가르침은 말년에 그가 제시한 4개의 문장, 즉 사구교(四句敎)입니다.

無善無惡心之體　선도 없고 악도 없는 것이 마음의 본래 모습이다.
有善有惡意之動　선도 있고 악도 있는 것이 의지의 움직임이다.
知善知惡是良知　선을 알고 악도 아는 것이 양지(올바른 앎)이다.
爲善去惡是格物　선을 행하고 악을 제거하는 것이 격물이다.

왕수인은 죽기 한해 전 가정(嘉靖) 6년(1528년) 가을, 광소성의 소수민족의 폭동을 평정하라는 명령을 받습니다. 그리고 출발하기 전날 밤 제자 전덕홍(錢德洪)과 왕기(王畿)의 요청에 받아 월성(越城)의 천천교(天泉橋)에서 이 네 구절의 의미에 대해 상세하게 설명합니다. 이후 전독홍과 왕기 두 사람은 사구교의 가르침을 두고 사유(四有)와 사무(四無)의 논쟁을 벌이게 됩니다. 사유설은 점진적인 수양 공부만을 강조하며 본체를 깨닫지 못하는 한계를 가지며, 사무설은 본체를 깨닫는 일만을 중요시해 수양 공부를 등한시하는 한계를 가지게 됩니다. 왕수인은 이에 대해 일반적인 사람이나 총명한 사람이나 본체와 공부를 함께 아울러서 일치시킬 것을 주장합니다. 왕수인은 다른 사람들에게서 쉽게 '사무'를 기대하지 말라고 강조합니다. 그렇지만 그는 천천교의 대화에서 '사무'와 '사유'를 모두 긍정함으로써 훗날 양명은 본체와 공부에 관한 다양한 입장으로 분화하게 됩니다.

왕수인은 육구연이 주장했던 심학의 입장을 자기 학문의 토대로 삼았습니다. 이 때문에 흔히 육구연과 왕수인의 사상을 하나로 묶어서 육왕학 또는 육왕심학이라고 부릅니다. 이는 정이와 주희의 사상을 묶어서 정주학이라 부르는 것과 대비됩니다. 그렇다면 주희 계열의 학문과 왕수인 계열의 학문 사이에는 어떤 차이가 있을까요?

간단하게 살펴보면 다음과 같습니다.

첫째, 주자학은 성즉리(性卽理)를 주장하고, 심학은 심즉리(心卽理)를 주장합니다.

둘째, 주희는 외부의 객관적인 사물에 있는 이치와 내 마음을 같이 공부해야 한다고 주장하고, 왕수인은 마음이 사물을 인식하는 작용을 통해서 드러나기 때문에 마음을 잘 살피고 공부하면 그러한 마음의 드러남을 통해서 우리가 사물과 세상의 이치를 알 수 있다고 이야기합니다.

셋째, 학문을 하는 방법에서도 주희 계열과 왕수인 계열은 차이를 보입니다.

주희 계열은 덕성을 함양하는 존덕성(尊德性) 공부와 아울러 지식을 추구하는 도문학(道問學)의 공부를 똑같이 중시하는 데 반해 왕수인 계열은 존덕성, 즉 마음을 살피고 덕성을 기르는 공부만을 중시합니다. 이치는 마음이 사물을 인식하는 작용을 통해서 드러나므로 객관적 사물에 있는 이치는 공부할 필요가 없고, 마음을 통한 공부로 충분하다는 것입니다. 이처럼 세상을 바라보는 관점이 다르기 때문에 공부에 관한 관점 또한 다른 것입니다.

넷째, 주희 계열은 아는 것(지식)과 행하는 것(행위)을 구분하고 양자의 합일을 추구하고 있습니다. 반면 왕수인 계열은 아는 것(지식)과 행하는 것(행위)은 애당초 분리되어 있지 않다고 생각합니다.

동양철학의 이해

첫째 전제로부터 둘째, 셋째, 넷째의 차이가 나타나게 됩니다. 여기에서 가장 첨예한 논쟁이 바로 성즉리(性即理)와 심즉리(心即理)인 것입니다.

주자(朱子)의 철학

주희(朱熹, 주자의 본명)의 자는 원회(元晦) 또는 중회(仲晦)이며, 복건성(福建省) 우계(尤溪)에서 출생했고, 본관은 신안(新安)[11]입니다. 주자(주희의 존칭)는 유년 시절부터 우주에 대한 질문을 품고 있었다고 합니다. 14살 때 아버지가 죽자, 그의 친구들인 호적계(胡籍溪), 유백수(劉白水), 유병산(劉屛山)에게 수년간 사사(師事)하면서 불교와 노자의 학문에도 흥미를 가지게 됩니다. 그는 19살에 동진사(同進士)에 급제하였고, 24살 때 동안현(同安縣)의 주부(主簿)로 부임합니다. 이때 연평(延平) 선생을 만나 선불교의 정적인 수양 태도에서 벗어나 유교의 새로운 수양법을 깨닫게 됩니다.

주희는 장남헌(張南軒), 여동래(呂東萊)와 학문을 토론하였고, 육

11   후이저우(徽州) 무원(婺源)의 옛 지명.

상산(陸象山)과 논쟁을 벌이며, 학문의 기반을 구축하게 됩니다. 그리고 46살 때 여조겸(呂祖謙)과 함께 『근사록(近思錄)』[12]을 편찬합니다. 50대 때는 염계사당(濂溪祠堂)을 건립하고, 백록동서원(白鹿洞書院)[13]을 재건했으며, 소흥, 경원, 서안 3부와 그 밖의 4개 주를 관할하는 절동(浙東)에서는 구황(救荒)과 사창법(社倉法)[14]을 시행합니다. 그리고 60대에 접어든 주자는 두 차례의 지방관을 지내며 백성에게 예교를 가르치고, 불교와 도교의 잘못된 풍속을 유교식으로 고치는 등 여러 가지 개혁을 단행하며 실천하는 지식인의 모습을 보였습니다. 주자가 세상을 떠날 때 제자들에게 다음과 같은 말을 남겼습니다. "학문하는 요점은 사물 하나하나를 세심히 관찰하여 그것의 옳음을 구하고, 그름을 단호히 제거하는 것이다. 며칠이고 그것을 되풀이하다 보면 자신도 모르는 사이에 마음과 이치가 하나가 되며, 자연히 발현하여 사심이 없어지게 된다. 성인이 만사에 응하고 천지가 만물을 낳는 것은 '정직(直)'일 뿐이다"

또한 주자는 생애에 많은 저작을 남겼습니다. 그 가운데 가

---

12   주희(朱熹)와 그 학문적 친교가 깊었던 여동래(呂東萊) 두 사람이 지은 철학책이다.

13   중국에서 가장 오래된 4대 서원으로 일컬어지고 있다. (『두산백과』)

14   재난과 빈곤 구제를 위한 정책.

동양철학의 이해

장 유명한 것이『사서집주(四書集注)』입니다. 그는 유학의 십삼경 (十三經) 가운데『논어(論語)』와『맹자(孟子)』그리고『예기(禮記)』 가운데「대학(大學)」과「중용(中庸)」을 선택하여 30여 년 동안 정 력을 기울여서 철학적인 관점으로 주석을 달아『사서집주(四書集 注)』를 완성합니다. 주자의 사서집주는 송대 오경(五經)[15]보다 더 중요한 경전으로 여겨졌으며, 사서에 대한 그의 해석은 과거 시험 의 기준이 됩니다. 그리고 사람들로 하여금 오경(五經)이라는 고전 의 권위에서 벗어나게 했으며 고전 경전을 연구하는 합리적인 방 법을 보여주었다는 점에서 그 의의를 찾을 수 있습니다. 주희가 사서의 주석을 단 이유는『논어』와『맹자』는 공자와 맹자의 사상 을 알 수 있는 직접적인 자료이지만, 오경은 간접적인 자료이고, 성(性), 심(心), 인(仁), 의(義)와 같은 철학 문제를 다루고 있어서 사 서가 체계적인 학문 방법을 제시해 준다고 생각했기 때문입니다.

주자는『사서집주(四書集注)』외에도 다양한 저서를 남깁니다. 사서(四書)에 대한 제가(諸家)[16]의 설을 모아 문답체로 서술한 책

---

15 유교의 다섯 가지 기본 경전으로『역경(易經)』,『서경(書經)』,『시경(詩經)』,『예 기(禮記)』,『춘추(春秋)』를 이른다.

16 춘추 전국 시대의 여러 학파. 공자(孔子), 관자(管子), 노자(老子), 맹자(孟子), 장 자(莊子), 묵자(墨子), 열자(列子), 한비자(韓非子), 윤문자(尹文子), 손자(孫子), 오 자(吳子), 귀곡자(鬼谷子) 등의 유가(儒家), 도가(道家), 묵가(墨家), 법가(法家), 명

『사서혹문(四書或問)』, 역학(易學)[17] 분야에서 왕필주(王弼注), 공영달(孔穎達)에 이어 역사의 한 획을 그은 『주역본의(周易本義)』, 주돈이의 『태극도(太极图)』와 『태극도설(太极图说)』에 주석을 달아 풀이한 『태극해의(太極解義)』, 북송(北宋)학자 장재(張載)가 역(易)의 원리를 깊이 해석한 『정몽(正蒙)』(또는 『서명(西銘)』이라 함)에 대해서 해석한 『서명해의(西銘解義)』 등과 남송(南宋)의 주자학자 여정덕(黎靖德)이 주자와 그 문인(門人) 사이의 문답을 기록한 강학어록인 『朱子語類(주자어류)』 그리고 자신의 시와 글을 담은 『주문공문집(朱文公文集)』이 있습니다.

사상적 배경

주자는 이정의 사상을 기초로 기타 북송 리학 사상가들의 사상적 양분을 흡수하여 방대한 철학 체계를 확립합니다. 그의 사상적 배경은 크게 아래와 같이 네 부분으로 나누어서 살펴볼 수 있습니다.

가(名家), 병가(兵家), 종횡가(縱橫家), 음양가(陰陽家) 등을 통틀어 이른다. (『표준국어대사전』)

17 역의 괘(卦)를 해석하여 음양 변화의 원리와 이치를 연구하는 학문. (『표준국어대사전』)

동양철학의 이해

첫째는 선진유학으로 공자와 맹자의 사상

둘째는 주희의 우주론에 영향을 준 주돈이『태극도설(太極圖說)』

셋째는 장재(張載)의 기본체론(氣本體論)

넷째는 정호(程顥), 정이(程頤)의 리일분수(理一分殊)

먼저 주자는 도(道)의 전통이 공자에게서 시작된 것으로 생각했습니다. 다음은『송사(宋史)』의 기록입니다.

> "도학(道學)이라는 이름은 옛날에 없었다……공자가 덕(德)이 있었으나, 위(位)가 없어 세상을 교화할 수 없었다. 그리하여 관직에서 물러나 문화와 더불어 예(禮)와 악(樂)을 정돈하였고,……공자가 서거하고, 증자(曾子) 혼자만이 그 사승(師承)을 이어받아 자사(子思)에게 전하였고, 이것이 다시 맹자에게로 이어져 갔는데, 맹자가 서거한 후 사승(師承)이 끊겼다."

주자는 한유의 도통설(道統說)을 받아들여 공자 이후 증자와 자사 두 사람을 더했으며, 맹자 이후의 도통(道統)이 이정에게 이어졌다고 주장합니다. 그리고 이를 통해 성리학의 학문적 연원에 권위를 부여합니다.

주희의 우주론에 영향을 준 것은 주돈이의 『태극도설(太極圖說)』입니다. 주돈이는 만물이 태극(太極), 음양(陰陽), 오행(五行)에 의해 생성되었다고 생각합니다. 그리고 음양이기(陰陽二氣)가 교감하여 만물을 생성, 화육한다고 설명하며 우주에 있어 인간의 위치를 이야기합니다. 그에 의하면 만물 중 인간은 가장 우수한 존재로 형체와 함께 정신을 가지고 있기 때문에 도덕적 삶을 살아갈 수 있다는 것입니다.

우리는 다양한 관점에서 우주 생성의 근원적인 힘과 존새에 관해 이야기할 수 있습니다. 물리학에서는 그 기원을 빅뱅에서 찾으며, 신학자들은 하느님을 이야기합니다. 주돈이는 우주 생성의 근원을 태극(太極)이라 말합니다. 주자는 주돈이의 태극을 리(理)라고 규정하고 리(理)를 천지 만물의 궁극적인 존재로 해석함으로써 성리학의 우주론을 체계화시킵니다.

주자는 또한 장재(張載)의 기본체론(氣本體論)을 수용합니다. 장재(張載)는 우주의 근본을 기(氣)로 생각했습니다. 그는 기(氣)는 태극무형(太極無形)하며, 기(氣)가 모일 때는 상(象)을 취하여 사물이 되고, 또 흩어질 때는 다시 무형에 돌아가 무극(無極)이 된다고 이야기합니다. 그래서 기(氣)가 음양이고, 리기(理氣)의 교합에 의해

동양철학의 이해

서 우주가 생성되었다고 생각합니다.

그리고 마지막으로 정호(程顥), 정이(程頤) 형제의 리일분수(理一分殊)입니다. 이 부분은 절대적 실체인 리(理)와 만물이 어떻게 관계를 가질 수 있는지에 대한 내용을 담고 있어 매우 중요합니다. 리일분수(理一分殊)는 모든 사물은 개별적인 리(理)를 갖추고 있고, 그 개별적인 리(理)는 보편적인 하나의 리(理)와 동일하다는 것을 설명하는 이론입니다. 이것을 풀이하면 리(理)에 의해서 세상이 만들어졌으며, 이 세상을 구성하는 만사와 만물 안에는 바로 리(理)가 존재한다는 것입니다. 즉 리(理)는 하나이지만 나누어져서 수없이 많은 개별의 리(理)가 된다는 것입니다. 정호(程顥)는 다음과 같이 말합니다.

"음(陰)만으로는 만물을 낳지 못하고, 양(陽)만으로도 만물을 낳지 못한다."
"만물은 대(對: 같은 종류로 이루어진 짝)가 없을 수 없다.
일음일양(一陰一陽), 일선일악(一善一惡)이며, 양(陽)이 자라면 음(陰)이 소멸한다."

또한 정이(程頤)는 "천지의 큰 덕을 생이라고 한다. 천지가 상호 작용하여 만물을 낳는다."고 하였습니다. 정호는 음양의 소장을 통한 생을 천지의 리(理) 또는 천리(天理)라고 생각했고, 정이 또한 생성을 우주의 도(道)라 생각합니다.

선진유학에서는 인(仁)은 다른 사람을 배려하는 것으로 인간이 가지고 있는 측은지심을 바탕으로 한 도덕적 가치라고 이야기했습니다. 그러한 인(仁)의 개념을 송명리학에서는 우주론으로 끌어와서 우주 생성의 원리로 파악하는 것입니다. 정호(程顥), 정이(程頤) 형제는 인(仁)을 모든 생물이 생기고 퍼져 나가는 자연의 원리로 설명했고, 주자는 이를 계승 발선시켜 우주 창조의 원리와 인간 도덕의 근원으로 봄으로써 송학의 도덕론인 천인합일(天人合一)의 의미를 천명하고, 유가 논리의 형이상학적인 근거를 마련하게 됩니다.

정리해 보면, 주자는 주돈이의 『태극도설(太極圖說)』과 장재(張載)의 기본체론(氣本體論) 그리고 정호(程顥), 정이(程頤)의 리일분수(理一分殊)를 바탕으로 리기(理氣)의 우주론을 이야기하고, 인간론에서는 공자와 맹자의 인(仁)과 도(道)를 계승, 인간 본성의 순수함을 바탕으로 학문 수양을 통한 인격의 도약을 강조합니다. 그리고 공부론에서는 존양성찰(存養省察)[18]과 격물치지(格物致知)[19] 그리고 거경궁리(居敬窮理)[20]를 통한 존천리 거인욕(存天理 去人欲)[21]과 천인합일(天人合一)을 주장합니다.

우주론

주자는 유교의 도덕 가치, 즉 인(仁)을 단지 사회적인 규범에 머물지 않고, 우주론적 본체의 지위로 격상시킵니다. 공자가 인(仁)의 개념을 도덕적 정감으로써 주장했다면 주자는 그것을 우주론의 시야에서 새롭게 해석하고, 우주의 어떠한 존재로 끌어올립니다. 인간의 윤리 법칙에 해당하던 인(仁)을 보편적이고 절대적인 궁극 실체인 리(理: 이치)와 동일시하게 된 것입니다. 그래서 주자는 만물의 총체인 생성과 변화를 바로 윤리적 가치를 함축한 리(理)를 통해 설명합니다. 우주의 법칙인 인(仁) 즉 리(理)가 없다면

---

18 양심을 보존하고 나쁜 마음을 물리침.
19 실제 사물의 이치를 연구하여 지식을 완전하게 함.
20 성리학에서의 학문 수양 방법으로 인식론적인 의미의 궁리와 실천론적인 뜻의 거경을 합하여 거경궁리라고 한다.
21 천리를 보존하고 인욕을 버림.

인간을 포함한 모든 생물과 자연 현상은 발생할 수 없습니다. 모든 존재의 근원이자 근거인 리(理)는 그 자체 안에 무한한 생명력과 활동성을 포함하고 있습니다. 다만 그 생명력과 운동성은 기(氣)라는 재료를 통해서 자신을 현상적으로 드러냅니다. 즉 현상 세계에서는 양자가 결합하여 존재합니다. 이치와 기(氣)는 서로 떨어지지도 섞이지도 않는 관계 속에서 이 세계를 구성하고 있습니다. 기(氣)가 없다면 이치는 자신을 드러낼 수 있는 구체적인 기반을 상실하고, 이치가 없다면 질서 있는 기(氣)의 구성은 불가능하게 됩니다.

태극도(太極圖)[22]

---

22   국립중앙도서관 참고.

동양철학의 이해

주돈이(周敦頤)가 지은 『태극도설(太極圖說)』에는 태극도(太極圖)와 도면의 설명이 되어 있습니다. 또한 주자는 『태극도설해(太極圖說解)』에서 다음과 같이 말합니다. "통괄적으로 말하면 만물 전체는 하나의 태극이며, 구분하여 말하면 하나의 사물은 각각 하나의 태극을 갖는다." 주자의 이기론은 인간의 도덕과 우주 본체의 문제를 함께 다루고 있습니다. 또한 기본적 자연관은 기(氣)의 유기체론으로 리기의 개념은 형이상학적 의미를 가지고 있습니다. 주자는 주돈이의 『태극도설(太極圖說)』을 자신의 우주 생성론으로 수용해 리(理), 기(氣), 태극(太極)의 세 개념을 구조화시킵니다. 우주가 어떻게 생성되었고, 우주는 어떻게 운행하는지를 이 세 개의 개념을 통해서 설명했던 것입니다.

『태극도설(太極圖說)』은 궁극 실체인 태극(太極)→음양(陰陽)→오행(五行)→만물(萬物)로 이어지는 우주 생성론을 제시합니다.

여기에서 만물의 근원인 태극(太極)은 리(理)입니다. 우주적 생명력을 함축한 태극은 만물의 이치로써 전체성과 동시에 개체성을 갖게 되고, 모든 만물의 동일한 근원이라는 점과 함께 이처럼 동일한 태극을 보편적인 존재의 근원으로 지니고 있기 때문에 각각의 개체는 상호 간의 차이를 초월해서 상통할 수 있는 가능성을 선험적으로 가집니다.

예를 들어, 종교적 입장으로 빗대어 본다면 신이 세상을 창조하고 또 세상의 만물을 만들었습니다. 세상의 만물은 각각 차별성을 가지지만, 신이 만들어 낸 피조물(被造物)이라는 점에서 바라본다면 개체 간의 차이를 초월해서 하나로 상통할 수 있는 가능성을 가지고 있다는 것입니다. 주자는 이기론(理氣論)을 통해서 우주와 자연의 모든 현상은 물론 그 근원에 대해서 정의하고 우주의 진정한 모습과 인간의 생명 그리고 정신의 기원을 리(理)와 기(氣)로 설명합니다. 간단히 말해서 우주와 인간 그리고 세상 만물은 리(理)와 기(氣)로 이루어져 있다는 깃입니다. 이것이 주자의 우주본이 가진 핵심 내용입니다. 따라서 주자의 우주론은 주돈이의 태극설에 정이(程頤)의 리기이원론(理氣二元論)이 합쳐져 체계화된 형태입니다. 서로 통일적인 원리가 되고, 또 각 개체의 고유성을 구성한다는 점에서 개체성을 지니게 됩니다. 앞에서 계속 언급했던 리(理)와 기(氣)에 대해 자세히 알아보겠습니다.

주자가 말하는 리(理)의 가장 중요한 의미는 사물의 규율과 도덕 원칙입니다. 그의 입장에서 리(理)가 비록 두 가지의 의미를 가지고 있지만, 리(理)는 본질적으로 통일된 것입니다. 즉 도덕 원칙은 사실 우주의 보편 법칙인 리(理)가 인간사회에 특별하게 표현된 것일 뿐입니다. 그리고 이 법칙은 기(氣)를 통해 드러나게 됩니다. 주자에 의하면 논리적인 순서에서는 리(理)가 기(氣)보다 앞서고, 기(氣)가 나중에 있어야 하지만, 현상세계에서는 양자가 결합하여 존재합니다. 이러한 리와 기는 서로 떨어지지도 섞이지도 않는 관계 속에서 이 세계를 구성하며, 리와 기는 불잡불리(不雜不離)의 관계에 있습니다. 리기(理氣)를 개념적으로 구별하여 정리한 것을 결시이물(決是二物)이라 하고, 현상적 사물에 있어서 리기(理氣)가 동시동소(同時同所)라는 것을 불가분개(不可分開)라고 표현합니다.

주자가 말하는 리(理)는 형이상(形而上)의 도체(道體)로써 만물의 본체입니다. 그는 리(理)를 태극(太極)이라고도 부르는데, 이 태극은 천지 만물의 근원으로 구체적 사물 속에 내재해 있습니다. 주자는 리(理)가 있어야 기(氣)가 유행(流行)하게 되어 만물을 발육하게 할 수 있다고 말합니다. 주자는 이러한 리(理)를 설명하기 위해 소이연(所以然)과 소당연(所當然)의 두 가지 개념을 사용합니다. 그가 말하는 소이연(所以然)이 천도(天道)라면 소당연(所當然)은 인도(人道)를 이야기합니다. 소이연(所以然)의 리(理)가 만물에 내재하는 보편적인 원리나 만물의 선천적 존재 근거라고 한다면 소당연(所當然)의 리(理)는 인간에게 내재하는 마땅히 해야 하는 당위적인 원리로 윤리적 행위의 선천적 근거가 됩니다. 주자가 이야기하는 기(氣)는 형이하(形而下)의 기(器)로써 만물의 형체를 이루는 도구라고 이해할 수 있습니다. 그래서 드러나는 모든 현상은 기(氣)의 유행(流行)에 의한 것이라고 할 수 있습니다. 주자는 장재의 경우 기(氣)를 강조했지만 리(理)를 중시하지 않았고 이정은 리(理)를 중시했지만 기(氣)를 소홀히 했다고 생각했고, 기는 모든 사물을 구성하는 재료이고 리는 사물의 본질과 규칙이라 생각합니다.

주자는 이정의 철학 가운데 리와 사물의 관계에 관한 관점을 계승했고, 그것을 진일보 시켰습니다. 그는 현실 세계를 말할 때 리와 기는 분리될 수 없다고 생각하며 리와 기의 선후(先後)에 대해 다음과 같이 말합니다.

"천지가 있기 전에는 반드시 리(理)만 있었을 뿐이다. 이 같은 리(理)가 있기에 이 같은 천지가 있다. 만일 이러한 리(理)가 없다면 이러한 천지도 없고, 사람과 사물도 없으며, 그 어떤 것도 있을 수 없게 될 것이다. 리(理)가 있으므로 기(氣)가 있고, 기(氣)가 유행(流行)하여 만물을 발육시킨다."[23]

만년에 주자는 리가 기보다 앞서 존재한다고 단정 짓게 된다면 심각한 모순을 발생시키게 된다는 것을 깨닫게 됩니다. 정이는

---

23   『주자어류(朱子語類)』권1.

동양철학의 이해

"동정에는 끝이 없고, 음양에는 시작이 없다"고 강조했는데, 리가 기보다 앞서 존재한다면 우주의 음양에는 시작이 있게 됩니다. 주자의 결론은 리가 기보다 앞서 존재한다는 것은 논리적인 앞섬을 의미하는 것일 뿐 시간적인 앞섬을 뜻하는 것은 아니라는 것입니다. 논리적으로 앞서 존재한다는 것은 사실상 리가 근본과 본체이며, 제일성(第一性)이라는 것이고, 기는 제이성(第二性)임을 말하는 것입니다.

　주돈이는 『태극도설(太極圖說)』에서 "태극이 움직여 양을 낳는다(太極動而生陽)"고 이야기 합니다. 이는 태극 그 자체가 운동하는 실체임을 선언한 것으로 보입니다. 하지만 주돈이는 태극을 혼연(渾然)의 일기(一氣)로 생각했고, 주자는 태극을 리(理)로 생각했습니다. 그렇다면 주자가 리로 규정한 태극은 동정(動靜)할 수 있는 것일까요?

　주자는 주돈이의 태극도설을 해석하며 다음과 같이 말합니다. "태극이란 본래 그러한 오묘함이고, 동정이란 태극이 타는 기틀이다. 태극은 형이상적인 도(道)이고, 음양은 형이하적인 기(器)이다."[24]

24　『태극도설해(太極圖說解)』

주자는 동정이란 현상세계에 속하는 것으로 음양이기의 동정을 이야기하는 것이지 태극의 동정을 의미하지 않는다고 생각합니다. 즉 본체로서의 태극은 음양의 동정 안에 존재하며 그 스스로는 동정하지 않습니다. 그는 이 같은 생각을 다음과 같은 비유를 통해 설명합니다.

"양은 움직이고 음은 고요하다고 함은 태극이 동정한다는 말이 아니다. 이는 태극의 이치상으로 동정한다는 말이다. 리(理)는 보이지 않는 것으로써 음양이 있는 다음에 그 존재를 알 수 있다. 리(理)가 음양을 타는 것은 마치 사람이 말 등에 타는 것과 같다."[25]

주자는 "양은 움직이고 음은 고요하다."는 주돈이의 말이 태극 자체가 동정할 수 있다는 뜻이 아니라고 생각합니다. 단지 동정하는 주체는 음양이고 동정하는 근거가 리(理)일 뿐입니다. 운동할 수 있는 두 기(二氣)와 이 두 기 안에 존재하면서 자체적으로 움직이지 않는 태극, 이 둘의 동정은 마치 사람이 말을 타고 다니는 것과 같은 것입니다. 주자는 "태극은 리(理)이고 동정은 기(氣)이다. 기(氣)가 다니면 리(理)도 다니게 된다. 이 둘은 늘 서로 의지하기에 서로 떨어진 적이 없다. 태극이 사람과 같다면 동정은 말과 같

---

25 『주자어류(朱子語類)』권94.

동양철학의 이해

다. 말은 사람을 싣고 사람은 말을 탄다. 말이 들어오고 나감에 따라 사람도 함께 들어오고 나간다. 움직이든지 고요하든지 간에 태극의 미묘함이 없었던 적이 없다."[26]고 말합니다.

우주론에서 마지막으로 살펴볼 내용은 리일분수(理一分殊)입니다. 리일분수는 정이(程頤)가 『서명(西銘)』에 관한 양시(楊時)의 의문에 답변하는 과정에서 제기된 명제입니다. 정이는 서로 다른 대상에 대하여 개인이 담당하는 의무는 같으며, 서명에서 이야기하는 만물일체설과 상이하지 않음을 강조합니다. 그리고 일반적 도덕원리는 서로 다른 구체적 규범으로 표현될 수 있고, 서로 다른 규범에는 공통의 도덕원리가 포함되어 있다고 생각했습니다. 주자는 이러한 정이의 관점을 계승합니다. 그리고 그는 말합니다.

"천지간에서 리(理)는 하나일 뿐이다. 그러나 강건한 건도(乾道)는 남성적인 것을 이루고, 유순한 곤도(坤道)는 여성적인 것을 이룬다. 두 기가 교감하여 만물을 생성한다. 그러나 그 대소의 구분과 친고의 등급은 열, 백, 천, 만 가지여서 같아질 수 없다……건(乾)을 아버지로 하고, 곤(坤)을 어머니로 한다. 생명을 지닌 사물 가운데 그렇지 않은 것이 없으므로, 리(理)는 하나라고 말한 것이

---

26   위의 책.

다. 그러나 사람과 사물은 태어나면서 자기 친속들이 있기에 각자 자기 부모를 부모로 섬기고, 자기 자식을 자식으로 양육한다. 따라서 그 직분도 역시 어떻게 다르지 않을 수 있겠는가?"[27]

리(理)는 오직 하나일 뿐이며, 도리는 같지만, 그 직분이 다르므로 군신에게는 군신의 도리가 있고 부자에게는 부자의 도리가 있는 것입니다. 지위가 다르면 그 도리의 적용이 같을 수 없습니다. 예를 들어, 임금이라면 마땅히 인애(仁愛)해야 하고, 신하라면 마땅히 공경(恭敬)해야 하며, 자식이라면 마땅히 효(孝)를 다해야 하며, 아비라면 마땅히 인자(仁慈)해야 합니다. 모든 사물은 각기 이러한 도리를 갖지만, 그 적용은 서로 다르며, 모두 하나의 도리가 유행한 것입니다.

선진 유가를 설명할 때, 인(仁)은 타인에 대한 배려라고 설명했습니다. 본래 논어에서 인(仁)은 다른 사람을 사랑하는 것이라고 정의합니다. 이러한 사랑도 사랑하는 대상에 따라서 달라집니다. 즉 사람을 사랑하는 인(仁)이라는 글자는 부모를 사랑하면 효(孝)가 되고, 부모가 자식을 사랑하면 자애(子愛)가 되고, 친구에게는 믿음(信)이 그리고 군주에게는 충(忠)이 되는 것입니다. 이처럼 하

---

27 『장자전서(張子全書)』권1「서명해의(西銘解義)」

나의 리(理)는 직분에 따라서 다양하게 변하게 됩니다.

정이의 리일분수가 윤리적인 도리를 이야기한다면 이를 계승한 주자의 리일분수는 그 의미를 형이상학적 범주까지 확장합니다. 그는 "만물을 합하여 말하자면 하나의 태극이며, 만물은 모두 한 가지다. 그 근본에서 말단에 이르기까지 만물은 하나의 리(理)의 실체를 나눠 가지며, 그것을 본체로 삼는다. 그러므로 만물 안에는 각기 하나의 태극이 있게 된다."[28]고 말합니다. 주자에 의하면 본래는 하나의 태극일 따름인데, 만물은 각기 그것을 품부(稟賦)받아 하나의 태극을 온전하게 갖추게 됩니다. 예를 들어, 하늘에 달은 하나만 있을 뿐입니다. 만약 세상 도처에 그것이 분산되어 있고, 어디서든지 그 달을 볼 수 있다고 해서 달이 나뉘어져 있다고 말할 수는 없는 것입니다.

주자의 리일분수설은 성리(性理)의 의미에서 리가 동정하는 것임을 강조합니다. 그에 의하면 각각의 사물은 하나의 태극이며, 이것이 바로 분수(分殊)의 의미입니다. 따라서 성리(性理)의 의미에서 볼 때, 리일분수(理一分殊)는 우주의 본체인 태극과 만물의 성(性) 간의 관계를 뜻합니다. 전체로 볼 때, 우주 만물의 본체는

28　『주돈이집(周敦頤集)』, 「통서해(通書解)」

하나의 태극일 따름이며, 각각의 사물도 그 본체인 태극과 완전히 동일한 태극을 포함하고, 그것을 자신의 본성으로 삼습니다.

분수(分殊)라는 입장에서 모든 사물이 각각 지니게 되는 성리(性理)의 태극에는 차이가 없습니다. 여기에서 성리(性理)로서 태극에는 차이가 없다는 것은 존재론적으로 나와 사물이 가지고 있는 성(性)으로서의 차이는 없다는 것입니다. 하지만 윤리적인 의미에서는 사물의 구체적인 규범의 차이가 생기게 됩니다. 이러한 차이는 사물의 이치(物理)라는 의미 속에서 더욱 명확해집니다.

그는 "예를 들어 이 표지판은 하나의 도리일 뿐인데, 이 길은 이렇게 가도록 하고 저 길은 저렇게 가도록 한다. 건물도 하나의 도리일 뿐인데, 대청도 있고 방도 있다. 초목도 하나의 도리일 뿐인데, 복숭아나무도 있고 오얏나무도 있다. 이처럼 많은 사람들도 하나의 도리일 뿐인데, 갑돌이도 있고 개똥이도 있다. 그러나 개똥이는 갑돌이가 될 수 없고, 갑돌이도 개똥이가 될 수 없다. 음양에 대해서도 『서명(西銘)』에서 리일분수로 말하였으니, 역시 이와 같은 것이다.[29] 라고 말합니다.

---

29 『주자어류(朱子語類)』권6.

인성론

　주자 인성론의 중요한 특징 가운데 하나는 성(性)을 본체로 주장하며 정(情)을 작용으로 삼고, 마음을 성(性)과 정(情)을 관통하는 전체로 생각했다는 점입니다. 주자는 마음은 몸을 주재하는 것으로써 본체는 성(性)이고, 작용은 정(情)이며, 동정을 관통하여 마음이 없는 곳이 없다고 설명합니다. 주자에 의하면 인·의·예·지(仁義禮智)는 성(性)이고, 측은(惻隱) 수오(羞惡) 사양(辭讓) 시비(是非)는 정(情)입니다. 그리고 인으로 사랑하고, 의로 미워하며, 예로 사양하고, 지로 아는 것은 마음(心)입니다. 또한 성은 마음의 리(理)이고, 정은 마음의 작용이며, 마음은 성(性)과 정(情)의 주재자라 말합니다. 주자에게 있어 성과 정은 체용(體用)의 관계입니다. 그리고 마음은 체용을 포괄하는 총체로서 성과 정은 총체의 다른 측면일 뿐입니다. 이를 인간의 의식 활동과 체계에 대입하면 마음은 사유와 의식 활동의 총체적 범주를 이야기하고, 그 내재적 도덕 본질은 성이며, 구체적인 감정과 생각은 정입니다.

　이와 같은 구분을 바탕으로 주자는 마음과 성 그리고 정이라는 세 개념은 각각 대상을 갖기 때문에 혼동하면 안 된다고 주장합니다.

그는 마음이 성과 정을 주재한다는 것을 다음과 같이 설명합니다. "성은 본체이고, 정은 작용이다. 성과 정은 모두 마음에서 나온다. 그러므로 마음은 그것을 통솔할 수 있다. 통솔이란 병사들을 통솔하는 것처럼 그것들을 주재한다는 말이다."[30] 정에 대해 말할 때, 심통성정(心統性情)은 마음이 정을 주재함을 뜻합니다. 즉 의식의 주체와 이성이 감정을 주도하고 통제하는 것으로, 도덕의식이 비도덕적 관념을 주재한다는 뜻을 포함합니다.

그렇다면 마음이 성을 주재한다는 점은 어떻게 이해해야 할까요?

이는 주자의 주경(主敬) 공부와 연결해서 이해해야 합니다. 주자에 의하면 마음의 정이 발현되지 않은 상태는 성이며, 이때 마음에는 천리가 갖춰져 있습니다. 미발(未發) 상태의 마음은 반드시 이를 주재할 수 있는 주체가 있어야 하며 주체는 마음이 발현되지 않은 중(中)의 상태를 유지하며, 이를 함양해 나가야 합니다. 만일 마음에 어떤 주재도 없다면 혼란이 그치지 않게 됩니다. 때문에 반드시 주경의 방법을 통해 미발의 마음 상태인 청명을 지켜나가야 합니다. 마음이 성을 주재한다는 말은 마음이 아직 발현되

---

30 『주자어류(朱子語類)』권98.

동양철학의 이해

지 않았을 때, 주경 공부를 통해 성으로 하여금 아무런 방해 없이 사람의 현실 사유 작용에 기능할 수 있도록 한다는 의미입니다.

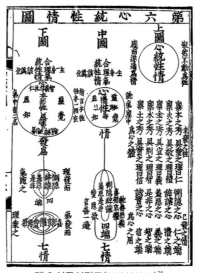

제 6 심통성정도(心統性情圖)[31]

심통성정도(心統性情圖)는 조선 중기의 학자 이황(李滉)의 심 (心)·성(性)·정(情)에 관한 도설입니다. 『성학십도(聖學十圖)』의 여 섯 번째 그림인 심통성정도는 정복심(程復心)의 상도(上圖)와 이황

31   국립중앙도서관 참고.

에 의해 개정된 중도(中圖) 및 하도(下圖)로 이루어져 있으며, 성리학에서 파악하는 마음의 대략을 틀과 그 틀을 따라 본성이 감정으로 드러나는 과정을 설명하고 있습니다.

공부론

마지막 내용은 주자의 공부론에 관한 이야기입니다. 주자학은 인간의 욕심을 제거해야 하는 대상으로 보고, 인간의 마음을 인욕과 인심으로 구분합니다. 그리고 인간의 마음은 위태롭다고 이야기합니다. 인간의 마음 자체가 악하지는 않지만, 악한 쪽으로 흐를 수 있는 위태로운 상태라는 의미입니다. 그 때문에 주자는 존천리 거인욕(存天理 去人欲)을 주장합니다. 구성의 측면에서 본성과 감정의 통합이 마음이라면 실제 수양 과정에서 본성과 감정은 마음이 주재하는 대상입니다. 따라서 현상적인 마음인 감정 속에서 본성의 선한 단서를 찾는 성찰과 본성에 대한 함양 공부가 필요합니다. 이 때문에 주자 공부론의 가장 핵심적인 부분은 주경함양(主敬涵養)입니다. 주자는 함양을 반드시 경(敬)으로 해야 한다는 정이의 사상을 계승 발전시켰으며, 정이의 제자들과 자신의 수양 체험을 결합하여 리학의 공부론을 집대성합니다. 주자는 경(敬)에 대해 다음과 같이 말합니다.

"경이란 어떤 것인가? 오직 '삼가 조심한다'는 말과 같을 뿐이다. 귀에 들리는 것도 없고, 눈에 보이는 것도 없이 나무토막처럼 가만히 앉아 전혀 아무 일도 살피지 않는 것을 말함이 아니다. 오로지 심신을 수렴하고 정제하며, 순일(純一)하게 하여 저렇게 방종하지 않는 것이 바로 경(敬)이다."[32] "경(敬)은 만사를 내버려 두는 상태를 말함이 아니다. 오직 일에 따라 전일(專一)하게 삼가 조심하면서 마음을 풀어 놓지 않는 것일 따름이다."[33]

주경함양(主敬涵養)은 한 가지 일에만 마음을 집중하고 다른 곳에 마음을 두지 않는다는 의미인 주일무적(主一無適)으로도 이해할 수 있습니다. 또한 불교에서는 화두(話頭)를 일념으로 참구하여 참선(參禪)하는 수행의 방법이기도 합니다. 주자는 경(敬)이란 오로지 늘 깨어 있는 방법으로써 고요함 속에 깨달음이 있다고 말합니다. 늘 깨어 있다는 것은 모든 순간의 삶을 객관화시켜서 나의 상태를 들여다보는 것을 의미합니다.

주자의 경(敬) 공부 내용을 대략적으로 살펴보면 다음과 같습

---

32 『주자어류(朱子語類)』 권12.
33 위의 책.

니다.

첫째 수렴(收斂): 심신을 안으로 거두어 방종하거나 산만하지 않도록 하고 본래의 규범에서 벗어나지 못하도록 하는 것입니다.

둘째 근외(謹畏): 삼가 조심하는 것을 말합니다. 이때의 조심(畏)은 결코 어떤 구체적인 대상에 대한 두려움이 아니라, 내심을 항상 경외의 상태로 유지하는 것을 말합니다. 항상 자신을 바라보면서 내가 무엇을 잘못했는지, 도덕적인 법칙을 어기지는 않았는지 그러한 것을 두려워히면서 지켜봐야 합니다.

셋째 성성(惺惺): 깨어 있는 것입니다. 이는 내심을 언제나 일종의 경각(警覺) 혹은 경성(警省)[34]의 상태로 유지 시키는 것입니다.

넷째 주일(主一): 마음을 한 곳에만 집중하는 것입니다. 이는 흐트러지지 않는다는 것입니다.

다섯째 정제엄숙(整齊嚴肅): 몸가짐과 자세를 단정하고 엄숙하게 한다는 말입니다.

주자는 미발(未發)일 때, 주경(主敬)을 통한 수양이 덕성을 함양

---

34   자신의 행동에 대하여 깨쳐 돌아보고 살핌. (『표준국어대사전』)

시킬 수 있을 뿐만 아니라, 궁리치지(窮理致知)를 위한 수양 주체의 조건을 충분히 준비할 수 있다고 생각했습니다. 그는 만일 미발일 때, 주경하지 않는다면 마음과 생각이 산만해지고, 청명하지 못하게 되어 사람이 사물의 리(理)를 제대로 인식하거나 이해하지 못하게 된다고 말합니다. 따라서 주자는 주경(主敬)과 더불어 사물의 리를 인식하기 위한 실천의 방법으로 격물치지(格物致知)를 이야기합니다. 그는 정이의 격물에 관한 사상을 강조하고 발전시킴으로써 격물론을 자신의 이론적인 특징으로 만들었습니다. 격물(格物)은 바깥의 어떤 사물에 대해서 집중하여 그 사물 안에 내재된 성(性)을 발견하는 것입니다. 주자는 격이란 이르는 것이고, 물이란 일과 같으니, 사물의 이치를 끝까지 궁구하여, 그 지극한 곳에 이르지 못함이 없도록 하는 것이라 말합니다. 즉 사물과 접촉하여 그 이치를 궁구하고, 지극하게 한다는 의미입니다. 치지(致知)에 관해 주자는 "치는 끝까지 밀고 나간다는 뜻이고, 앎은 깨닫는다."로 설명하며, 그 의미는 지식을 끝까지 밀고 나감으로써 그 앎을 다하지 않음이 없도록 하려는 것이라 설명합니다. 또한 그는 리가 모든 사물 속에 있기 때문에 크거나 작거나 혹은 정밀하거나 거칠거나를 막론하고 우주 본체로부터 나무 한 그루에 이르기까지 모든 것을 대상으로 삼아 연구해야 한다고 주장합니다.

하지만 우리가 만나는 사물은 무한합니다. 어느 세월에 그 이치를 다 궁구할 수 있을까요? 주자는 구체적인 개별 사물의 이치를 남김없이 다 밝히는 과정을 축적하다 보면, 언젠가 세계의 모든 이치를 꿰뚫어 보는 시선이 생긴다고 말합니다. 그는 이러한 의문에 대해 환하게 전체를 관통하는 깨달음의 체험인 활연관통(豁然貫通)을 제시합니다. 하지만 이 부분에 관해 이후 유학을 비판한 사람들은 이것을 불교의 돈오(頓悟)[35]가 아니냐고 비판하기도 합니다. 수많은 사물에 대한 이치의 탐구는 요원하고, 반대로 사물의 이치를 외부가 아니라 마음에서 찾는다면 주관적인 이해에 머무르기 쉽습니다. 주자는 이 같은 문제를 활연관통(豁然貫通)과 격물(格物)의 개념을 통해 해결하고자 했습니다.

주자의 공부론인 격물(格物)의 최종 목표는 사물의 '그러한 까닭'인 소이연(所以然)과 '마땅함', 즉 소당연(所當然)을 이해하는 것입니다. 소이연과 소당연은 모두 리(理: 이치)를 의미합니다. 소이연은 주로 사물의 보편적인 본질과 규율을 가리키고, 소당연은 주로 사회의 윤리 원칙과 규범을 의미합니다. 그러므로 주자가 주장

---

35 점진적인 과정을 거치지 않고 단번에 깨달음을 일컫는 불교의 용어.(『두산백과』)

동양철학의 이해

하는 격물궁리(格物窮理)의 출발점과 최종 목표는 명덕(明德)[36], 즉 내 안에 있는 선(善)을 밝히는 데 있는 것입니다.

지금까지 동양철학에 대한 이해로부터 주자에 이르기까지 긴 시간을 이야기하며, 마지막에 다다랐습니다. 낯선 개념으로부터 다양한 사상가들의 사유를 통해 새로운 시야를 넓힐 수 있었던 소중한 시간이었습니다. 동양철학의 이해를 통해서 우리가 기존에 가졌던 사회적 혹은 과학적 인식으로 세상을 바라보던 시선에서 벗어나 철학자의 시선으로 세상을 다르게 바라볼 수 있을 것입니다. 그리고 그것을 통해 철학자들이 전하고자 했던 가치에 대해서 생각해 보고, 또 여러분들의 삶에 변화를 줄 수 있는 계기가 될 수 있길 바랍니다.

---

36 사람의 마음에 있는 맑은 본성.(『표준국어대사전』)

윤지원 尹志源

단국대학교 일본연구소 HK교수
현재 단국대학교 일본연구소 HK교수로 재직 중이며, 한국중국문화학회 및 한국철학사 연구회 총무이사로 활동하고 있다. 한국외국어대학교 철학과를 졸업하였으며, 2002년 중국 북경대학에서 석사학위를 받았다. 이후 중국정부 국비 유학생으로 선발되어 동 대학에서 박사학위를 취득하였다. 중국철학을 전공했으며 동아시아의 지식전통과 문화철학으로 연구영역을 확장하고 있다. 「지식과 예술의 문화철학」(중국학논총, 2022), 「호적의 문화철학연구」(일본학연구, 2022) 등 다수의 논문과 저서가 있다.

기유미 奇唯美

경성대학교 한국한자연구소, HK연구교수
중국 북경대학에서 문학박사 학위를 받았다. 최근에는 중국 70년사 표어 연구, 중국 정부 공문서의 정책 공약 표제 및 줄임말 연구를 비롯해 언어 현상과 사회 문화적 현상을 복합적으로 바라보는 응용 연구를 진행하고 있다. 주요 저서로는 「바다동물, 어휘 속에 담긴 역사와 문화」(공저, 따비, 2023), 「부리와 날개를 가진 동물, 어휘 속에 담긴 역사와 문화」(공저, 따비, 2024) 등이 있으며, 대한중국학회 학술위원회 실무이사로도 활동하고 있다.

경성대학교 한국한자연구소 한자학 교양총서 07

동양철학의 이해

초판1쇄 인쇄 2024년 5월 20일
초판1쇄 발행 2024년 5월 31일

지은이   윤지원 기유미
펴낸이   이대현
편집   이태곤 권분옥 임애정 강윤경
디자인   안혜진 최선주 이경진
마케팅   박태훈 한주영

펴낸곳   도서출판 역락
출판등록   1999년 4월 19일 제303-2002-000014호
주소   서울시 서초구 동광로 46길 6-6 문창빌딩 2층 (우06589)
전화   02-3409-2060
팩스   02-3409-2059
홈페이지   www.youkrackbooks.com
이메일   youkrack@hanmail.net

ISBN   979-11-6742-720-5 04150
           979-11-6742-569-0 04080(세트)

*정가는 뒤표지에 있습니다.
*잘못된 책은 바꿔 드립니다.